JN275208

三浦常司教授

ことばの響き

—— 英語フィロロジーと言語学 ——

今井光規・西村秀夫 編

Words at Heart

Papers in Linguistics and English Philology

Edited by
Mitsunori Imai and Hideo Nishimura

開文社出版
KAIBUNSHA

目　　次

はしがき/Foreword ・・・・・・・・・・・・・・・・・・・・・・・今井　光規　　1

中英語ロマンスと *MED* ・・・・・・・・・・・・・・・・・水谷　洋一　　5

中英語テクストの多様性／多義性と辞書
"Gret diversite"/Polysemy of Middle English Texts and Dictionaries
　　　　　・・・・・・・・・・・・・・・・・・・・・・・・・・・・・・・・菊池　清明　　35

言語変異と辞書 ・・・・・・・・・・・・・・・・・・・・・・・・西村　秀夫　　51

'The Prioress's Tale' における聖母崇敬と反ユダヤ性
　——*l.* 156 の読みを中心に ・・・・・・・・・・・田尻　雅士　　73

Chaucer の散文作品におけるワードペア使用
　　　　　・・・・・・・・・・・・・・・・・・・・・・・・・・・・・・・谷　　明信　　89

Redundancies in *Sir Gawain and the Green Knight*
　　　　　・・・・・・・・・・・・・・・・・・・・・・・・・・・・Noriko Inoue　117

How a Line Begins in Middle English Romances
　　　　　・・・・・・・・・・・・・・・・・・・・・・・・・Mitsunori Imai　137

プラハ言語学派と言語類型論
　——言語性格学から構成的類型論への発展——
　　　　　　　　　　………………………………本城　二郎　155

Structural Expansions of Locational Constructions
　　　　　　　　　　………………………Hideki Kishimoto　175

アクションリサーチの理論と課題　………小笠原真司　199

　　　　　　　＊　＊　＊　＊　＊

輪読会のことなど　………………………三浦　常司　219

三浦常司教授略歴　………………………………　223

三浦常司教授著作目録　…………………………　226

寄稿者一覧　………………………………………　235

あとがき　……………………………………西村　秀夫　236

は　し　が　き

　本書は、2004年1月18日に70歳の誕生日をお迎えになった兵庫教育大学名誉教授三浦常司（みうら・つねし）氏の古稀をお祝いするささやかな記念論文集として計画したものです。しかしながら、編集者の至らなさのために、仕上がりがはるかに遅延してしまいました。ご本人にはもとより、ご寄稿いただいた方々、ならびに出版社の方々にたいへんご迷惑をおかけいたしました。心からお詫び申しあげます。
　三浦教授は、正式に大学に勤務し始められた1958年以来、古英語、中英語、現代英語のすべてにわたって広範な研究活動に携わり、多くの優れた業績を挙げてこられました。その中でも最もよく知られているお仕事は、チョーサーに関する論考ならびに中世英国ロマンスに関する多数の研究と翻訳です。
　三浦教授のご研究の特色は、何といっても正確さと綿密さです。どんな権威ある書物の中の引用文一つといえども、鵜呑みにされることはありません。必ず原典に当たって細かく確認されます。事実を最重視され、つねに実証的立場を貫いてこられました。この点で、三浦教授は、今はだんだんと失われてきている緻密なフィロロジー研究の分野で日本を代表するお一人です。現在まで半世紀以上に及ぶ長い研究生活の多くの時間を輪読会と共同研究に費やしてこられましたが、それも独りよがりを避け、客観性を求める精神に基づくものに違いありません。
　本書は、三浦教授を恩師として、あるいは先輩として、さらには同僚や友人として、互いに研究の時間やおしゃべりの時間を分かち合った有志の者たちが、研究成果を持ち寄って編んだささやかな論文集です。寄稿者たちはそれぞれ関心の赴くままに多様な題目を掲げていますが、何を扱っていても、詰まるところ人が心を通わせる手だてとしてのことば、互いの胸に響きあう

ことばの本質に一歩でも近づこうとする試みです。書名を「ことばの響き」とした所以です。

　タイミングはそうとう外れましたが、三浦教授には、寄稿者たちからのお祝いと感謝の気持ちをおくみとり頂き、この先も永く私たちをご指導・ご鞭撻くださるよう執筆者一同、心からお願い申しあげます。

　2名の編集者のうち、三浦教授に記念論文集を献呈したい旨を発案したのは西村秀夫でした。今井はそれを受けて、ことの重大さに気づき、西村の住む明石の喫茶店で二人で最初の相談を行ったのが2002年3月31日のことでした。寄稿者の方々への執筆依頼までは比較的順調に進みましたが、原稿提出の期限は大幅に延ばさざるを得ず、編集作業自体も、原稿の修正その他のお願いなどに多くの時間を要しました。そのような作業のほとんどすべてを西村が担当し、今井は、遅れに対する寄稿者諸氏からのお叱りをいただくことに終始いたしました。関係の皆様に重ねてお詫び申しあげます。度重なる遅延の言い訳とお願いを辛抱強くお聞き下さった開文社出版社長安居洋一氏に心からお礼を申しあげます。

2007年6月

今井　光規

［付記］　時ならずして急逝された田尻雅士氏の論文は遺稿に基づくものです。

Foreword

This Festschrift is dedicated to Emeritus Professor Tsuneshi Miura of Hyogo University of Teacher Education. Originally, it was planned to come out on his 70th birthday, which was on January 18, 2004. The editors sincerely apologize for the prolonged delay to all those concerned. They accept responsibility for failing to foresee the difficulties that caused this delay. The deadline for the submission of manuscripts was set for the end of August 2003. When the papers were finally sent to press in 2007, however, the editors were confident that the articles were still fresh and relevant. No contributors had stamped, as on a cookie box, a date before which their contents would "taste best".

Professor Miura was born in Hyogo Prefecture and graduated from Kobe University. He obtained his M. A. at Osaka University and then he started his teaching career at Kobe University in 1958. In 1982, he left there as Professor of English to accept an offer of a position as Professor at Hyogo University of Teacher Education, which was located next to his hometown. He was appointed Professor Emeritus there at his retirement in 1999. From the same year until recently, Professor Miura taught at Kobe Shoin Women's University and, later, also at Himeji Dokkyo University.

During his research and teaching career that has extended well over half a century, Professor Miura has worked on a variety of topics from Old, Middle, and Modern English, mainly from an historical point of view. With his profound and penetrating insight into the actual working of the language, constantly based on his precise readings of the texts, he is, no doubt, one of the greatest philologists in Japan. Professor Miura is perhaps best known for producing numerous papers on Chaucer along with the Japanese translation of Middle English metrical romances. One special point that characterizes his achievements is that many of his successes have resulted from his enthusiasm for discussion and cooperation. To Professor Miura, collaboration has obviously been a most useful way to keep himself from falling victim to inescapable subjectivity. In a number of reading circles and research groups, he has been a steering and most stimulating member.

The present contributors, consisting of Professor Miura's former students, former colleagues, and friends, are grateful to him for the great time they have shared with him. The editors regret that, by his premature death, late Professor Masaji Tajiri was unable to see his own contribution in its final form.

Lastly, the editors wish to express their sincere thanks to Mr. Yoichi Yasui, the president of the Kaibunsha Publishing Company for his kindness and tolerance towards the editors in their slow progress.

Mitsunori Imai
on behalf of the Editors

中英語ロマンスと *MED**

水 谷 洋 一

　中英語ロマンス Wedding of Sir Gawain and Dame Ragnell の 48 行目 And after the grasse he taste「アーサー王は鹿の太り具合を調べた」を解釈するのに、多くの学者が苦労した。「仕留められた鹿がそのあとで草を味わった」という意味をなさない 1 行が悩ませ続けた。Bite the dust「負傷して倒れる」という表現と比較し、鹿が草を味わったというのは鹿が死んで倒れたということではないかと考えられた。しかし、鹿が 2 度死ぬことになるという不合理は解決できなかった。また、アーサー王が手についた血を草で拭いたという解釈よりは、鹿が草に触れたという意味で倒れたと解釈する方がましであろうという提案もあった。Grasse が grese「脂肪」で、taste が examine「調べる」という意味であると気づくまでにかなりの時間がかかっている。

　中英語の作品を読むとき、辞書の助けが必要になる。ところが、その辞書を編纂するにあたり、先ずテキストの正確な読みが欠かせない。したがって辞書はいつも未完のもので、完成への途上にある。研究が進むにつれて、辞書も完成度が高くなる。*MED* が完結したいま、*MED* の完成度と問題点を検討してみることは *MED* を利用する者にとって、また言語に関わる文化研究を進める者にとっても必要な作業である。

1. *OED* と *MED*

　MED が完成したことで *OED* と *MED* の比較をすることができるようになった。2 つの辞書を比較することで *OED* の不備を知ることができる。それは同時に *MED* も含めた辞書の限界を知ることでもある。*OED* の不十分さ

が MED ではどのように修正されたか、具体的な例を取り上げて検討する。

Eyen stepe and gray

中英語ロマンスでは特に女性の美しさを表現するのに eyen stepe and gray という表現がしばしば用いられる。この場合の stepe は「目が大きい」という意味と「目が輝いている」という意味を持っているため、次の例文中のこの表現を解釈するときに、どちらの意味に解釈すべきか問題になる。

> KTars 13-15　　　Þe meiden was schist & bliþe of chere.
> 　　　　　　　　　Wiþ rode red so blosme on brere,
> 　　　　　　　　　& ey3en stepe & gray;

OED はこの例の stepe を brilliant と解釈しており、一方 MED はこの stepe を large, prominent と解釈している。

> OED　**steep** a. **2**. †b. Of jewels, eyes, stars: Brilliant. In later use only of eyes, in the poetical phrase *steep and gray. Obs. cit.*
>
> MED　**step(e** adj. 1. (c) of eyes: large, prominent, *cit.*

同じ用例に対して2つの辞書は違った解釈をしたことになる。原因は gray の解釈が2つの辞書で異なっているためである。OED は gray を「目の虹彩が灰色」であると定義している。一方 MED は「明るい、きらきらと輝く」と定義している。

> OED　**grey** a. **3**. Of eyes: Having a grey iris.
>
> MED　**grei** adj. 2. (b) of eyes: bright, gleaming (of indeterminate color);

Grayが「灰色」という意味ならばstepeは「輝く」という意味に解釈できるが、grayそのものが「輝く」という意味であれば、stepeは「大きな」という意味に解釈することになる。

Grayが目の輝きに言及するとき、次の *Toulouse* の例にも見られるようにガラスや水晶の輝きに例えられ、「灰色」という色の意味を失っている。

Toulouse 343　　　Hur *eyen were gray as any glas*;

OED はgreyが「灰色」という意味を失ってbright, gleamingという意味に変わったことを認めることができなかったため、引用文中のこのstepeの解釈を誤ることになった。

色の名前が本来の色の意味を失って「輝く」という意味に用いられるのはgreyだけではない。Brounも「茶色」の意味を失って、「輝く」という意味に用いられる。

Octavian 1024　　　Wyth sperys longe and schyldys *browne*;

Toulouse 69　　　Wyth spere and schylde *browne*.

これらの例では盾が「きらきらと輝いた」という意味で、「茶色」であったという意味ではない。Brounのこの意味については *OED* も *MED* も共に次のように定義している。

OED　　**brown** *a.* †**4.** In reference to the sword, steel, etc., it seems to have meant: Burnished, glistening. *Obs.*

MED　　**broun** adj. 5. Of steel, weapons, armor, glass, etc.: shining, polished, bright.

次の用例の browne を Bliss (1960, Glos. brown)[1] は「茶色の」と解釈しているが、美人を形容するのに茶色の目をしたという表現が用いられることはない。「茶色」ではなく、「輝く」という意味である。

> *Launfal* 241-243　　Hare faces were whyt as snow on downe;
> 　　　　　　　　　　Har rode was red, here eyn were *browne*:
> 　　　　　　　　　　I sawe neuir non swyche!

ただし、*OED* も *MED* も broun が「目」について用いられるとは述べていない。それどころか *MED* は broun の項で、John Bruneye「茶色の目のジョン」のような固有名詞を引用して、broun eie は brown eyed であると定義している。

Broun という形容詞が「目」を修飾することは少なく、したがって、この例では脚韻のために browne が用いられたと考えられるが、broun eie が「茶色の目」でなく、「輝く目」という意味で美人の形容に用いられることにも言及が必要である。

Round

金貨がしばしば round と形容されることがある。

> *Amadace* 140-143　　Sir, a marchand of this cite,
> 　　　　　　　　　　Hade riche rentus to rere.
> 　　　　　　　　　　And eviryche yere thre hundrythe pownde
> 　　　　　　　　　　Of redy monay and of *rownnde*,

OED では「中心から等しい外周を持つ」と定義されているにすぎない。そうすると、四角や八角ではなく、「丸い金貨」という意味になる。

MED では金貨が丸いのは、磨り減ったり、切り刻まれたりしておらず、し

たがって良い通貨であると説明を加えている。

> *OED* **round** *a.* **4**. Having all parts of the circumference equidistant from the centre;

> *MED* **round(e** adj. 6. (a) Perfect in a certain way; good of its kind; of money: good, current [? cp. 3. (a) good because round, not worn or clipped]; *cit*.

次の例文の hole and sownde と holl and rownde はほぼ同じ意味である。この2つの用例を重ね合わせてみると、round の意味として「欠けていない、完全な」という意味を抽出することができる。

> *Octavian* 727-728　　The man hym lovyd for thyrty pownde,
> 　　　　　　　　　　Eche peny *hole and sownde*;

> *KEd & S* 584-586　　Thouȝ he shuld gif of his catell,
> 　　　　　　　　　　I shalle haue myne, euery dell,
> 　　　　　　　　　　Off penys *holl and rownde*.

当時、貨幣を金額に応じて、割って使用したり、不正に削り取ったりすることがあった。Round の意味にはそういう文化的な背景が含まれており、*MED* はその意味を定義の中に含めている。

Crie

辞書の編纂にあたって、用例の収集が不完全であると辞書が十分な働きをしない。次の crie がその例である。

> *Florence* 172-174　　And euyr þe formast speryd þe wayes

> Vnto þe emperowrs paleys,
> Full ryall was that *crye*;

　Florence 174 の crye を Heffernan[2] は Glossary で shouting, clamor, proclamation としている。この場面は、コンスタンチノープルの皇帝がローマ皇帝の娘を妻としてもらい受けたいと考え、40人の諸侯たちを使者としてローマに送る。その使者たちがローマの街の中に入ってきたところである。しかし、Heffernan の解釈では使者たちがローマの街中で何かを叫んだことになるが、一体何のために何を叫んだのか分からない。また、一方的に乗り込んできた使者をローマの市民が歓呼して迎えたということも考えられない。*OED* は **cry** *n.* の項 **13.** で、*transf.* a. A pack of hounds, † b. *contemptuously*. A 'pack' (of people) と定義している。一方 *MED* は **crie** *n.* 6. で、A group of soldiers, company, troop, host, army (c1300〜a1500) と定義している。この *Florence* 174 の用例は *MED* に引用されていないが、明らかに that crye はローマの街にやってきた一行のことである。*OED* を参照する限りでは crie を company の意味に解釈することは困難で、Heffernan も shouting と解釈することになったのであろう。

　MED は c1330 年から a1500 年にわたって 6 例を引用しているが、*OED* は初出例が 1590 年で、次の用例が 1602 年であり、いずれも *Florence* より後の例である。つまり、*OED* では crie の中英語の例が採集できていないため、中英語の意味が欠落していることになる。

Kene

　Kene についても *MED* には *OED* が見落とした新しい語義が追加されている。

　Havelok 1832 の kene について Skeat & Sisam[3] は brave, eager, Sands[4] は tough, Schmidt[5] は bold, Garbáty[6] は tough, Smithers[7] は bold と解釈しており、いずれも「大胆で勇敢な」という意味である。

Havelok 1830-1836　For he was ded on lesse hwile
　　　　　　　　　Þan men mouthe renne a mile.
　　　　　　　　　Alle þe oþere weren ful *kene*;
　　　　　　　　　A red þei taken hem bitwene
　　　　　　　　　Þat he sholde[n] him bihalue,
　　　　　　　　　And brisen so þat wit no salue
　　　　　　　　　Ne sholde him helen leche non.

　この場面はハヴェロックが領主ウッベから招待を受けた夜のこと、ハヴェロックは60人の町のならず者に襲われる。彼は戸のかんぬきを摑んで、相手を次々と倒していく。残った連中は形勢不利と見て、一挙に襲い掛かろうと相談をするところである。つまりこの連中は卑怯者たちである。しかし、従来の注釈はいずれも、「大胆で勇敢だった」と解釈している。したがってこの個所が矛盾することになる。唯一可能な解釈はアイロニーと考え、その連中が大胆で勇敢だったとは皮肉であると解釈することである。しかし、それで正しいかどうか極めて疑問である。

　Furnivall が曖昧性のない文中に現れた kene に Glossary で angry と語義を与えている（*Sleg. OTHist.* Ðerfore sche with hym wroþ, for wymmen beþ oft *kene*. F. J. Furnivall (EETS))。そして、*MED* は **kene** adj. 2. (b) で、*Havelok* のこの個所を引用して、kene を angry, resentful と定義している。つまり、「残った連中はみな大変腹を立てた」という意味でなければならない。

　OED にはこの語義が収録されていないために、多くの研究者が間違った解釈を続けたと言える。

Kene

　Kene のもう1つの意味 stalwart については *OED* は間違いを犯し、*MED* でも修正されていない。

　OED は **keen** *a.* (*adv.*) †3. a. で brave, bold, valiant, daring. *Obs.* と定義して、次の用例を引用している。

>   *Horn* 161-164   "Whannes beo ʒe, faire gumes,
>   Þat her to londe beoþ icume,
>   Alle þrottene,
>   Of bodie swiþe *kene*?

　Dunn & Byrnes[(8)] が bold と注釈をつけたのも、*OED* の解釈に影響を受けたのではないかと想像される。しかし、bodie は「一団」という意味ではなく、「身体」という意味である。*MED* も「身体」という意味で、**bodi** n. 1. (a) にこの個所を引用している。

　Allen[(9)] が stalwart, Fellows[(10)] が very strong, そして Garbáty[(11)] が very hardy と解釈したように、ここでは「頑強な体」と解釈すべきである、「大胆な身体」では意味をなさない。*MED* は bodie を「身体」と解釈したにもかかわらず、kene の語義として stalwart, strong, hardy を与えていない。*MED* はこの個所の kene を見落としたのかもしれない。*OED* も *MED* も「頑強な」という語義を与えていないとなると、今後も間違った解釈を続けることになりかねない。

2.　*MED* の語義と文脈

　MED はテキストの読みが正確で、その意味分析は驚くほど緻密であるが、ときには文脈まで読み込み、語義の定義としている場合が見られる。

Ibringen

　たとえば *MED* は **ibringen** v. 3. (d) ～**hard** の項で *Amis* 538 の例を引用して、疑問符付きで ibringen hard を ? to oppress (the heart) と定義している。

>   *Amis* 538-539   Ac hir hert was so hard *ibrouʒt*,
>   On loue-longing was al hir þouʒt,

MED の定義に従えば「彼女の心は悶々として」という意味になる。このように定義された用例はこの1例だけで、他に類例は挙げられていない。この個所は乙女ベリサントがアミス卿に対して激しい恋に落ちるところである。Leach[12] はこの行は難しいところだと次のように述べている。

> The line is difficult, as the variant readings show. Stoffel says that **so hard ibrouȝt** suggests hard-bestead.

　しかし、ここでは on hym が省略されたに過ぎないのではないかと思われる。その根拠は語り手が Amis 538 行目でベリサントの心の内を描写したそのままに、Amis 571 行目でベリサント自身がアミス卿に自分の心の内を打ち明けている。つまり間接話法を直接話法で述べ直したと言ってよい。その個所では on hym にあたる on þe が表現されている。

> Amis 571-572　　　"Sir kniȝt, on þe mine hert is brouȝt,
> 　　　　　　　　Þe to loue is al mi þouȝt

　そして so hard ibrouȝt の hard については、類似表現である Amis 581 にも hard が用いられているところから判断して、hard が ibrouȝt の意味を大きく変化させたことは考えられない。

> Amis 581-582　　　Mine hert so *hard* is on þe liȝt,
> 　　　　　　　　Mi ioie is al forlorn;

　また、類似の表現は Degaré 828 にも Emaré 224 にも見られる。

> Degaré 828-827　　Þat al his herte and his þout
> 　　　　　　　　Hire to loue was *ibrowt.*

> Emaré 223-224　　That all hys hert and all hys þowȝth

> Her to loue was *ybrowght*;

　問題の *Amis* 538 の表現はこれらの表現から生まれたものであることは疑いない。したがって、恋の対象者 on hym の部分を表さない表現形式 ibringen hard が確立しているのならば、to oppress という語義も正当化されるであろうが、この例のように hapax legomenon である場合は、文脈より生じた意味と考えるべきであり、語義として設定することは困難である。もし、そうだとするならば「悶々として」という意味よりはむしろ「すっかり虜になってしまった」と解釈するのが原文に近い解釈と言える。

Lasten

　MED は *KEd & S* 191 の laste を to be able to と解釈し、次の行の draw を to shoot と解釈している。

> *KEd & S* 191-192　Þer is no bow þat shall *laste*
> 　　　　　　　　　　To draw to my slynges caste,

原文の意味は「引くに耐える弓はない」と解釈できる。Lasten の意味は *MED* の定義の 6. (a) で十分である。

> *MED*　**lasten** v. (1) 6. (a) Of a tool, weapon, building, garment, etc.: to stand up under use, not wear out or deteriorate;

それにも関わらず、*MED* が to be able to と語義を与えたのは to draw を to shoot (an arrow) と解釈したためである。そのことは次の定義に見られる。

> *MED*　**drauen** v. 1b. (b) to draw (an arrow) on the bowstring, shoot (an arrow); draw (a bow). *cit*.

不定詞が draw だから動詞に laste が用いられたわけで、draw 以外の不定詞、たとえば shoot であれば動詞に laste が用いられることはない。したがって MED の与えた laste の語義 to be able to は文脈から生じた意味と判断しなければならない。このように hapax legomenon の場合はその単語の語義なのか、文脈から生じた意味なのか判別が困難な場合がある。

Dighten

MED は辞書編纂にあたって膨大な資料を分析し、語義を定義している。その場合、ある特定の文脈における語義を見極めなくてはならない。その語義を定義するにあたって、必要な情報が時には作品全体の解釈と関わる場合がある。少なくとも作品全体の筋の流れを摑んでおく必要に迫られることがある。しかし、これはきわめて困難な作業である。たとえば次の dighten がその例である。

次の用例の dighten を MED は to cultivate として分類している (MED **dighten** v. 1a. (g) to cultivate (land, soil, grain, vines); *cit.*)。

Amadace 688-690　For we myghte noghte this faurtenyghte
　　　　　　　　　Owre rich londus dele and *dighte*,
　　　　　　　　　Thay liun so wide-quare.

この場面はアマダス卿が苦境にあったとき、彼は異世の騎士に助けられる。そして、アマダス卿が成功すれば、手に入れたものをこの異世の騎士と折半することを約束する。その後、成功したアマダス卿のもとへこの騎士が約束の履行を求めてやって来る。アマダス卿は喜んで領地を半分に分けようとする。さて、MED の解釈に従うと、「2週間かけても領地を分けて耕すことはできない」という意味になる。Dighten は本来「準備する」という意味だから、土地を準備するとは耕すことだと MED は解釈したのであろう。しかし、ここでは土地を分けて、その土地を引き渡すための準備をするところであって、

耕作のための準備ではない。そのことは採集した用例だけから判断することは不可能で、この物語の展開を視野に入れておかなければできない判断である。Dighten land というコロケーションではあっても、「耕作する」という意味ではなく、一般的な「準備する」という意味であるから、*MED* はこの例文を 1a. (a)に分類すべきであった。

Hende

文脈が把握されていないと、テキストの解釈を誤ることが当然起こる。

Triam 1206 の場面は、戦いの場でトライアムアとモラダスが武具を身にまとい、今まさに両者は馬を走らせ、激突しようとしているところである。

>*Triam* 1204-1208　　Ayther were armed on a stede,
>　　　　　　　　　　Of Tryamowre was grete drede,
>　　　　　　　　　　Ther was non so *hynde* in halle;
>　　　　　　　　　　Moradas was so styff in stowre,
>　　　　　　　　　　Ther myght no man hys dyntys dewre,

1206 行目の hynde を Schmidt[13] は kind, gracious と解釈し、Fellows[14] は gracious と解釈している。*MED* もこの個所を引用して次のように定義している。

>*MED*　**hend(e** adj. 1.(a) Having the approved courtly or knightly qualities, noble, courtly, well-bred, refined, sportsmanlike; *cit.*

この解釈を受け入れると、トライアムアのほうは「大広間で礼儀正しい騎士」で、一方モラダスの方は「勇猛」だということになり不均衡となる。また、恐れられているはずのトライアムアが「礼儀正しく、上品」であるのは矛盾する。

Horn 1302 に hende in felde 「戦場にあって勇猛果敢」という表現がある。つまり hende は valiant の意味を持つ。

> *Horn* 1301-1302　　Hi founde vnder schelde
> 　　　　　　　　　　A kniʒt *hende* in felde.

しかし、*Horn* 1302 では in felde となっているため誤解が生じなかったが、*Triam* 1206 では in halle となっている。そのため、Schmidt も Fellows もともに、そしておそらく *MED* も hende in hall という定型表現と解釈したのであろう。ここでは「大広間に出入りする人々の中でこれほど勇敢な人はいなかった」と解釈すべきであるが、そのことは物語の流れが理解されて初めて判断できることである。

Bordis ende

同様に、文脈を無視して、採集された用例にのみに依存すると、引用例の解釈に間違いが起こる。

KEd & S 868 の bordis ende は「上座」なのか「下座」なのかが問題となる。

> *KEd & S* 866-868　When tablys were layd and cloþes sprad,
> 　　　　　　　　　 Þe scheperde into þe hall was lad
> 　　　　　　　　　 To begynne a *bordis ende*.

MED の biginnen, bord, ende の項にそれぞれ、上の例が引用されている。Biginnen の項ではこの個所は「上座」として引用されている。

> **biginnen** v. 4. (c) ～ **the bord** (**deis, table**), etc., to start the row of guests at table, i. e. sit in the place of honor at the right of the host. *cit.*

Bord の項ではこの個所は「下座」として引用されている。

  bord n. 4b. (a) **bord(es) ende**, the foot of the table (as opposed to the head); *cit.*

Ende の項では「下座」として引用されている。

  ende n. (1) 15. (c) the foot (of the table); *cit.*

つまり、同じ用例が「上座」と「下座」に引用されているということになる。どうしてこのようなことになったのか推測してみるに、biginnen の項では biginnen bord と読み、「上座」と解釈し、bord と ende の項では bigennen を無視して、bordis ende と読んだため、「下座」と解釈することになったと考えられる。 *MED* はあるところでは文脈まで語義に含めることもあるが、一方このように文脈を無視した解釈も見られる。

 KEd & S 868 は文脈からは「上座」でなければならないところである。そこで、bordis ende は「上座」を意味することがあるのかどうかという問題を検討しなければならない。そして、もし「上座」であるなら、なぜこの個所で ende が用いられたのかを説明しなければならない。Ende 自体は必ずしも末尾という意味ではない。*Launfal* 661 Þe Quene yede to þe formeste *ende* では ende は踊りの輪の先頭である。また、*Floris* 390-391 Þe childe he sette next þe *ende*/In al þe feirest seete では宿屋の主人が「上座」に座っていて、その直ぐとなりにフローリスを座らせたのだから、紛れもなく「上座」である。したがって、*KEd & S* 868 の ende は「上座」の意味での「端」を意味するものと解釈できる。脚韻の必要性から ende が用いられたものと考えられるが、*MED* は bordis ende が「上座」という意味でも用いられることを記録すべきである。

3. *MED* と ghost word の可能性

Serie

　テキストが崩壊していることが考えられる場合、あえてその語を収録すれば ghost word になる。serie は hapax legomenon であるが、*MED* はこの単語のためだけに 1 つの項を設けている。

    Horn 1383-1386　　He com to his moder halle
    　　　　　　　　　　In a roche walle.
    　　　　　　　　　　Corn he let *serie*,
    　　　　　　　　　　And makede feste merie;

　この場面は異教徒サラセン人の侵略を受け、王妃は岩穴に身を隠し、キリスト教の信仰を守り続ける。王子ホーンは数々の冒険のあと、故国を取り戻し、岩穴に身を潜めている母である王妃を迎えに行くところである。ところが 1385 行目の意味が不明である。Lumby は意味不明としている (meaning obscure, appears to be corrupt)。Mätzner は「穀物を民に分け与える」と解釈している (Mätzner (Allen[15])　share〈scerie, sherie)。Hall は serie を ferie と修正し、「穀物を運び込む」と解釈した。French & Hale,[16] Sands,[17] Garbáty[18] は Hall に倣って、「穀物、食べ物を運び込む」と解釈している。

　MED は **serien** v. の項で、[Prob. from OE **gescerian**; ? also cp. ML **seriāre** to arrange.] To allot or distribute (sth.) と定義しているところから、Mätzner 説を採用したように思われる。

　しかし、どのような根拠があって Mätzner の説を採用したのか不明である。一方、Allen[19] は他の 2 つの版 (MS Laud Misc, MS Harley croun……werie) から推測して、corn を crown とし、serie を werie と修正し、「彼は王冠を身につけた」と解釈している。この解釈がもっとも適切ではないかと思われる。テキストが損なわれている可能性のある個所で、しかも唯一の例で

ある語に解釈を加えることは ghost word を生み出す可能性が高い。

Late

　テキストの崩壊と同様、写字生が転写ミスをしている場合がある。それがテキストに採用され、そのテキストを底本として辞書が編纂されることがある。

　Havelok 2611 は騎士たちが戦の準備をしている場面である.

> *Havelok* 2610-2612　Þo mouthe men se þe brinies brihte
> On backes keste, and *late* rithe,
> Þe helmes heye on heued sette;

　2611 行目の late について Skeat は to put, Sisam[20] は to set, Sands[21] は straightened, Garbáty[22] は fitted straight と解釈しており、この解釈に従えば「鎖帷子をぴったりと体にあわせる」という意味になる。

　MED も従来の説をそのまま採用している。Late right という表現はこの例のみである。そして *MED* は次のように定義している。

> *MED*　**leten** v. 7b. With adv. or prep. phr.: (c) ～ **right**, put or set (sth.) to rights, arrange (sth.) properly; *cit.*

　しかし、Smithers[23] は late は写字生が lace の c を t と読み間違えたものであると考えた。そしてその根拠として *Horn* 717 と *Horn* 842 を挙げている。

> *Horn* 715-718　　Horn sadelede his stede,
> And his armes he gan sprede:
> His brunie he gan *lace*
> So he scholde into place.

> *Horn* 841-842　　　Horn his brunie gan on caste,
> 　　　　　　　　　　And *lacede* hit wel faste,

どちらも鎖帷子を身にまとった後、紐でしっかりと縛っている。このように late を lace と修正すればこの場の情景と一致する。*MED* では写字生の間違いをそのまま辞書に採用し、不自然な解釈を施すことになっている。

Bihinde

テキストを解釈する場合 2 通りの解釈が等しく可能な場合がある。通例一方の解釈がとられるはずである。しかし、*Amis* 2190 の bihinde は *MED* の 2 箇所に引用されている。

> *Amis* 2188-2193　　No wold þai nick him wiþ no nay,
> 　　　　　　　　　　What so euer he asked niȝt or day,
> 　　　　　　　　　　It nas neuer *bihinde*;
> 　　　　　　　　　　Of euerich mete & eueri drink
> 　　　　　　　　　　Þai had hem-selue, wiþ-outen lesing,
> 　　　　　　　　　　Þai were him boþe ful minde.

アミス夫妻がハンセン病にかかったアミルーン卿の面倒をみている場面である。アミス夫妻はアミルーン卿から何を頼まれても、その頼みをかなえてやったのであるが、問題は主語の it が何を指すのか明白でないために、bihinde の意味が曖昧である。Françoise[24] は bihinde を slow in coming, late と解釈した。この場合「遅れることなく直ちに」という意味になる。Rickert[25] は He lacked nothing of the meat and drink と翻訳している。すなわち「足りないものは何一つなかった」となる。どちらの意味か決定する手がかりなく、2 つの解釈が等しく可能な場合である。*MED* はその両方の意味にこの用例を引用している。

> *MED*　**bihinde(n** adv. & pred. adj.
> 　　2. Of actions or events in time (b) **ben** ∼, be behind time, be delayed, tardy, or late; *cit.*
> 　　4a. **ben bihinde**, (c) of things: to be inferior or neglected; fall short, be wanting. *cit.*

MED はこの個所では両方の解釈が可能だと言っているわけではないであろうから、判断に迷ったのではないかと推測される。

4.　*MED* の矛盾した定義

Red gold

Gold と共に red という形容詞がしばしば用いられる。*OED* は red gold の red は gold の epithet であると述べているに過ぎず、なぜ、red なのかについての情報は与えていない。Gold の項に red gold が挙げられているが、これは現代の用法である。

> *OED*　**red** *a.* and *n.* **3.** As a conventional (chiefly *poet.*) epithet of gold. Now only *arch.*

MED は gold の項で「輝きを増すために少量の銅を加えた金」と定義している。そして clene gold, cler gold, fin gold と対立させている。つまり、純金ではなく合金であることになる。ところが、red の項では「純金で赤みを帯びた金」と定義しており、純金は熱すると赤みを帯びるからだと説明している。

> *MED*　**gold** n. 1. (c) **clene** ∼, **cler** ∼, **fin** ∼, pure gold, refined gold; **red** ∼, gold with a small alloy of copper to enhance its color;

> *MED*　**red** adj. 1f. (a) Of the metal gold, gold coins, gold leaf: pure [as shown

through becoming red when heated]; ～ **gold, gold** ～, pure or reddish gold [see also **gold** n. 1. (c)];

　Gold の項では合金で、red の項では純金であるとしているわけであるから、矛盾した定義となっている。そして「赤い」のは銅が混ざっているからという理由と熱すれば赤くなるからという異なった理由を挙げている。MED は see also **gold** n. 1. (c) と注を付けている訳だから、red の項を執筆するときに gold の項を参照しているはずである。後の改訂版で gold の項は訂正されるのかもしれない。

　Schmidt[26] は 1977 年に次の用例で合金と判断している（Schmidt (1977) gold alloyed with copper, which had a reddish hue, (also at 362)）。

Orfeo 149-151	Þe King hadde a croun on hed:
	It nas of siluer no of *gold red*,
	Ac it was of a precious ston:

　ところが MED は red の項でこの用例の red gold を純金と判断して引用している（**red** adj. 1f. (a)）。Schmidt は MED の gold の項（1971 年出版）を参照したかもしれないが、MED の red の項は 1984 年に出版されていることから判断して、この項は参照できなかったはずである。もし、Schmidt が MED の gold の項に依拠して red gold を合金と理解していたとすれば、*Orfeo* 150 の red gold を MED が red の項で純金と判断するとは思いもかけなかったことだろう。

　もし、MED の矛盾した定義が正しいとすれば、red gold の意味として純金と合金の 2 つの意味が存在することになる。その場合、純金と合金をどのように区別したのかについて、なんら言及がないので、引用されている用例を手がかりに調べてみると、合金と判断されたものは拍車、カップ（杯）、ドア、旗などで、純金と判断されたものは金、金貨、王冠などである。道具類は合

金で、装飾品や貨幣は純金と判断したのではないかと推測される。

仮に、純金と合金の2つの意味があったとしても、果たしてロマンスという物語の中でその区別がなされていたかどうかは極めて疑わしい。次の *Floris* の例は純金として *MED* に引用されている。

> *Floris* 159-162　　Wel sone þat mayde was him betauȝt,
> 　　　　　　　　　An to þe hauen was she brouȝt;
> 　　　　　　　　　Ther haue þey for þat maide ȝolde
> 　　　　　　　　　xx mark of *reed golde*,

確かにこの場合は金貨であるから、純金でなければならない。このように純金でなければならない場合はあっても、純金と解釈して矛盾を起こす例を見出すことはできなかった。果たして red gold が純金なのか、それとも合金も含まれるのか改訂版を待たねばならないが、銅を混ぜた合金という意味が何を根拠にしたものか、納得のいく説明が必要である。

5.　*MED* とテキスト編纂者の解釈

Speren

　MED はテキスト編纂者の解釈を採用したのではないかと思われるものがある。Speren は *Florence* 149 と 172 に用いられている。

> *Florence* 148-150　　They passed þorow Pole and Chawmpayn,
> 　　　　　　　　　　Euyr *sperying* ther gatys gayne
> 　　　　　　　　　　Vnto the cyte of Rome.
>
> *Florence* 169-174　　Lordys and ladyes of grete astate,
> 　　　　　　　　　　And odur many, well Y wate,
> 　　　　　　　　　　At wyndows owt can lye.

> And euyr þe formast *speryd* þe wayes
> Vnto þe emperowrs paleys,
> Full ryall was that crye;

　MED はこの 2 箇所を引用している。149 行目では、40 人の諸侯たちの使節団がローマへの近道を尋ねながらやって来る。ここで *MED* は speren を「尋ねる」という意味に解釈している。

> *MED*　**spiren** v. (1) 1. (b) ~ **gate** (**wei**), ask the way; *cit.*

　172 行目は使節団が歌を歌い、馬が馬勒を鳴り響かせながらローマの町へ入って来たところである。たくさんの人々が窓から身を乗り出してこの一行を見ている。*MED* はここで speren を「道を封鎖する」と読んでいる。

> *MED*　**speren** v. (1) 6. To block (a path, bodily channel, etc.); also *fig.*; ?also, block the way [quot. ?a1450, 1st]; *cit.*

　つまり、ローマの町に使節団の一行が入ってくると、宮廷への道はもう尋ねる必要はないと解釈したのであろう。しかし、仮にその解釈が正しいとしても、何のために道を封鎖しなければならないのか不明であるし、そのように解釈する根拠も示されていない。むしろ、この場合も「絶えず、先頭の者が皇帝の住む宮廷への道を尋ねた」と読むべきではないか。理由としては 149 行目とほぼ同じ文脈であること、さらにこの作品にはこの個所 172 行目を除いて、6 回 speren が用いられているが spering(149 行目)、spere(293 行目)、speryd(448 行目)、spere(1556 行目)、spyr(1740 行目)、spyr(1953 行目)のいずれも to ask の意味で用いられていることが挙げられる。*MED* が to block the way と解釈したのは *Florence* の編纂者 Heffernan の解釈をこの個所だけ利用したのではないかと疑われる。ちなみに Heffernan[27] は 149 行目に

closing、172 行目に shut up と注をつけている。すなわち Heffernan は 2 箇所の speren をいずれも to block と解釈している。何故に道を封鎖しなければならないのかは分からないにしても、同じ表現に同じ解釈を与えている点で、*MED* より一貫した解釈をしている。

Store

MED がテキスト編纂者のグロサリーをそのまま採用したのではないかと疑われる場合がある。たとえば *Florence* 1657 の store である。

> *Florence* 1652-1659　Knyghtys and ladyes came belyfe,
> 　　　　　　　　　　Wondur sore wepeande:
> 　　　　　　　　　　Gentyll wemen sore dud wepe,
> 　　　　　　　　　　And euyr can feyre Florence slepe,
> 　　　　　　　　　　That was so feyre to fande.
> 　　　　　　　　　　Sche glyste vp wyth þe hedeows *store*,
> 　　　　　　　　　　A sorowfull wakenyng had sche þore,
> 　　　　　　　　　　Soche anodur was neuyr in lande.

フローレンスに心を寄せた騎士が望みを遂げられず、逆恨みをする。そしてフローレンスを陥れるため、主人の一人娘を短刀で殺害し、その血のついた短刀を眠っているフローレンスの手に握らせる。そこへ一族の者が駆けつけ、悲惨な状況を目にしたところである。したがって、フローレンスは大騒ぎの中で目を覚ますはずである。

MED はこの用例を引用して、次のように定義している。

> *MED*　**store** n. (1) 3. (a) A stored or saved amount of provisions, possessions, etc.; a store of foodstuffs; a supply of something; also *fig.* [quots. a1420 & a1500 (?c1450)]; a hoard of money; *pl.* necessary supplies of wood; *cit.*

この定義に従えばフローレンスは食料品や薪の山の中で目を覚ますことになる。*fig.*「比ゆ的」という注がついているが、どう比ゆ的なのかわからない。

OED もこの用例を引用しているが、stour の項の初例として引用している。

    OED   **stour** *n*[1]. **4**. Tumult, uproar, commotion, fuss. *cit.*

OED の定義がこの文脈と一致する。しかし、*OED* では次の用例が1570年までなく、stour は stir の異形でもあると説明している。その stir も 1547 年以降の用例が挙げられている。すなわち、ME 期には稀な単語であったと推測される。Heffernan[28] が Glossary で accumulated goods, supply; *fig.* と注解しているところから判断して、*MED* は Heffernan の解釈をそのまま受け入れた可能性が高い。

6.   *MED* と未解決の問題

Fre presoun

十分な解決を見ていない単語を *MED* はどのように扱ったのであろうか。未解決の単語は辞書に収録しないという方針がもっとも安全である。しかし、収録しないことにより重要な情報が散逸したままになる可能性がある。この問題について *MED* は積極的な方針を採っている。間違いの可能性があるとしてもそれは後になって訂正するとして、現段階で最善の解釈を採用するという方針を採っている。定義にクエスチョンマークを付けて定義していることはこの方針の現れである。

Athelston 424 の fre presoun はいろいろな解釈が試みられてきた。

    Athelston 423-428   Gyltles men ȝiff þay be
                            Þat are in my *presoun* ffree
                            Forcursyd þere to ȝelle—

> Off þe gylt and þay be clene—
> Leue it moot on hem be sene
> Þat garte hem þere to dwelle.

　ここでの文脈は次のようなものである。アセルストン王が讒言を真に受けて、無実のエゲランド卿一家を投獄する。王妃から取り成されても、王は聞く耳を持たない。そういう状況でアセルストン王は教会へ出向き、神に対して正義をあたえ給えと祈る場面である。

　French & Hale[(29)] はこの fre presoun を custody without confinement と解釈しているが、242行目で、エゲランド卿はしっかりと枷をはめられたと描かれている。したがって、この解釈を採用することはできない。また MED には次のような定義がみられるが、同様の理由により、いずれもここでは当てはまらない。

> *MED* **prisoun** n. 2. (b) **fre** ∼, ?a well-appointed jail, ?a jail in which one may move about;
>
> *MED* **fre** adj. 4c.
> 　(k) ∼ **prisoun**, custody without torture;
> 　(l) ∼ **prisoun**, a court, a prison under the jurisdiction of an incorporated city.

　Sands[(30)] はこの fre を redoubtable と解釈した。この解釈は確かに文脈と一致する。しかし、fre が「恐るべき」「強力な」「強固な」という意味を持つとは考えられない。

　MED はこの個所を引用して、次のように定義している。

> *MED* **fre** adj. 2a. (c) of things: precious, excellent; of conditions, manners, habits, actions: befitting a freeman, noble; *cit.*

しかし、この定義では MED がどのようにこの個所を解釈したのか不明である。Fre は牢獄という名詞を修飾しているから、MED の「物」についての定義が当てはまるはずであるが、precious, excellent のいずれも牢獄を修飾するとは考えられない。MED は lasten の項では文脈まで読み込むという丁寧な定義を施しながら、この個所ではきわめて曖昧で、この行をどのように解釈したのか手がかりがない。

　Schmidt[(31)] は strong と解釈しながらも、疑問符を付け、注で次のように述べている。

> MED gives the alternatives of 'custody without torture' or 'prison under the jurisdiction of an incorporated city'. The second is inappropriate; the first makes sense, but lacks point. It may be that we have an extension of the sense 'noble' to 'great', 'powerful'... It is conceivable that Athelston's *fre* (=noble) really applies to himself and is awkwardly transferred to the prison, producing the paradoxical reading.

　Schmidt は MED が 'custody without torture' or 'prison under the jurisdiction of an incorporated city' と定義しているのは見当違いであると述べている。しかし、実は Schmidt が MED を十分に調べなかったのであり、MED は **fre** adj. 2a. (c) precious, excellent にこの例を引用しているので、この批判は当てはまらない．

　Schmidt 自身は noble という意味から great, powerful へと意味が拡大したのかも知れないと判断して、?strong と注を付けたようである。しかし、上で述べた Sands の場合同様、fre を strong と解釈する根拠がない。

　Schmidt はさらに、fre は noble の意味で本来アセルストン王の気高さに言及したものである。その形容詞が presoun の前に置かれた transferred epithet であると考えることができると述べている。その結果、逆説的な読みになっていると述べている。すなわち非情なアセルストン王が気高いとは逆説だと

いうのである。

　従来の解釈はいずれもこの個所が直接話法であって、王自らの言葉である点を見落としている。この個所は王自身の神に対する祈りの言葉である。したがって語り手の視点から読むのではなく、王の視点から読むべきであると考えられる。「無実の者を自分が投獄しているのなら、知らしめ給え」という言葉は王自身の真心だと考えられる。そうすると presoun は建物のことではなく。施設としての牢獄だと考えられる。王の立場からすれば決して「恐ろしい堅固な牢獄」ではなく、悪を懲らしめ、正義を打ち立てるための砦であるはずである。そして、高潔な正義のための牢獄ならば、無実の者を投獄しておいてはならないはずである。そうすると fre presoun は「高潔な、正義の牢獄」という意味になるであろう。それならばもっと適切な形容詞を用いるべきかも知れないが、脚韻の要求から fre が用いられたものと考えられる。

7.　結論

　OED の第 1 分冊が出版されたのが 1884 年、*MED* の第 1 分冊が出版されたのが 1952 年で、その間 68 年の開きがある。その間の研究成果が *MED* に反映されているのであるから、*MED* には辞書として重要な情報が収録されている。しかし、*MED* も *OED* と同様の不備な点があり、それは今後の研究の課題である。

　MED では文脈まで読み込んだ定義がなされている反面、物語の展開や文脈を無視した定義が行われていることもある。正確な語義の定義を行うには作品全体の筋の展開と作品の正しい解釈があって初めて可能になる。先ずは 1 つ 1 つのテキストの正確な読みがなされなければならないが、膨大な資料をもれなく正確に解釈することは神業にも近い作業である。収集された用例の範囲内で語義が定義されることがあったとしても不思議はないし、また、テキスト編纂者の間違った解釈に影響されることも起こりうる。

　テキストが崩壊していたり、転写ミスがあったりしてテキスト自体が完璧

でない場合は当然のこととして ghost word を生み出すことにもなる。

　また未解決の問題では様々な説の中から 1 つの説を選ばなければならない。その場合は十分な根拠のないまま、仮の定義をしなければならない。

　研究が進むことで、これら不完全な点は修正され、辞書はさらに完成に近づくことが期待されるが、辞書は権威を持つだけに、辞書の限界に研究者自身が縛られることも避けられない。

略号

KTars: The King of Tars
Toulouse: The Earl of Toulouse
Launfal: Sir Launfal
Amadace: Sir Amadace
KEd & S: King Edward and the Shepherd
Florence: Le Bone Florence of Rome
Havelok: The Lay of Havelok the Dane
Horn: King Horn
Amis: Amis and Amiloun
Degaré: Sir Degaré
Amadace: Sir Amadace
Triam: Sir Triamour
Floris: Floris and Blancheflour
Orfeo: Sir Orfeo

注

*このペーパーは 1998 年 5 月 23 日、日本英文学会第 70 回大会のシンポジュームで発表した原稿に修正を加えたものである。

(1) Bliss, A. J. (1960) *Thomas Chestre; Sir Launfal* London and Edinburgh, p. 134, brown, *adj.*
(2) Heffernan, C. F. (1976) *Le Bone Florence of Rome*, Manchester, p. 161, crye, *n.*
(3) Skeat, W. W. (1915) *The Lay of Havelok the Dane*, 2nd ed., rev. by K. Sisam, Oxford, p. 141, kene, *adj.*
(4) Sands, D. B. (1966) *Middle English Verse Romances*, New York, p. 100.
(5) Schmidt, A. V. C. and N. Jacobs (1980) *Medieval English Romances*, London, Part I, p. 88.
(6) Garbáty, Th. J. (1984) *Medieval English Literature*, Toronto, p. 224.
(7) Smithers, G. V. (1987) *Havelok*, Oxford, p. 195, kene, *adj.*
(8) Dunn, C. W. and E. T. Byrnes (1973) *Middle English Literature*, New York, p. 118.
(9) Allen, R. (1984) *King Horn*, New York & London, p. 389, kene, *adj.*
(10) Fellows, J. (1993) *Of Love and Chivalry: An Anthology of Middle English Romance*, London, p. 5.
(11) Garbáty, Th. J. (1984) *Medieval English Literature*, Toronto, p. 147.
(12) Leach, M. (1937) *Amis and Amiloun*, EETS, OS 203, Oxford, p. 119.
(13) Schmidt, A. J. E. (1937) *Syr Tryamowre*, Utrecht, p. 127, hende, *adj.*
(14) Fellows, J. (1993) *Of Love and Chivalry: An Anthology of Middle English Romance*, London, p. 182.
(15) Allen, R. (1984) *King Horn*, New York & London, p. 353.
(16) French, W. H. and C. B. Hale (1930) *Middle English Metrical Romances*, New York, p. 66.
(17) Sands, D. B. (1966) *Middle English Verse Romances*, New York, p. 51.
(18) Garbáty, Th. J. (1984) *Medieval English Literature*, Toronto, p. 176.
(19) Allen, R. (1984) *King Horn*, New York & London, p. 353.
(20) Skeat, W. W. (1915) *The Lay of Havelok the Dane*, 2nd ed., rev. by K. Sisam, Oxford, p. 143, late(n), *v.*
(21) Sands, D. B. (1966) *Middle English Verse Romances*, New York, p. 120.
(22) Garbáty, Th. J. (1984) *Medieval English Literature*, Toronto, p. 244.
(23) Smithers, G. V. (1981) 'Four notes on *Hauelok*', in Benskin, M. and M. L. Samuels eds., *So Meny People Longages and Tonges: Philological Essays in Scots and Mediaeval English Presented to Angus McIntosh*, Edinburgh, pp. 191-209.

(24) Françoise, L. S. (1993) *Amys and Amylion*, University of Exeter, p. 116, behynde, *adj.*
(25) Rickert, E. (1908) *Early English Romances in Verse Done into Modern English: Romaces of Friendship*, New York, p. 42.
(26) Schmidt, A. V. C. and N. Jacobs (1980) *Medieval English Romances*, London, Part I, p. 200.
(27) Heffernan, C. F. (1976) *Le Bone Florence of Rome*, Manchester, p. 192, spering, *pr. p.*; speryd, *pt. sg.*
(28) Heffernan, C. F. (1976) *Le Bone Florence of Rome*, Manchester, p. 193, store, *n.*
(29) French, W. H. and C. B. Hale (1930) *Middle English Metrical Romances*, New York, p. 193.
(30) Sands, D. B. (1966) *Middle English Verse Romances*, New York, p. 143.
(31) Schmidt, A. V. C. and N. Jacobs (1980) *Medieval English Romances*, London, Part I, p. 137.

参考文献

Allen, R. (1984) *King Horn*, New York & London.
安藤貞雄 (1986) 『英語の論理・日本語の論理』 大修館書店。
Barron, W. R. J. (1987) *English Medieval Romance*, London and New York.
Bliss, A. J. (1954) *Sir Orfeo*, Oxford.
―――――. (1960) *Thomas Chestre; Sir Launfal*, London and Edinburgh.
中世英国ロマンス研究会訳 (1983) 『中世英国ロマンス集』 篠崎書林。
―――――. (1986) 『中世英国ロマンス集』 第2集 篠崎書林。
―――――. (1993) 『中世英国ロマンス集』 第3集 篠崎書林。
Dannenbaum, S. (1982) 'The Wedding of Sir Gawain and Dame Ragnell, Line 48', *Explicator*, 40.3, pp. 3-4.
Dunn, C. W. and E. T. Byrnes (1973) *Middle English Literature*, New York.
Fellows, J. (1993) *Of Love and Chivalry: An Anthology of Middle English Romance*, London.
Françoise, L. S. (1993) *Amys and Amylion*, University of Exeter.
French, W. H. and C. B. Hale (1930) *Middle English Metrical Romances*, New York.
Garbáty, Th. J. (1984) *Medieval English Literature*, Toronto.
Hall, J. (1901) *King Horn*, Oxford.

Heffernan, C. F. (1976) *Le Bone Florence of Rome*, Manchester.
Ikegami, T. (1985) *The Lyfe of Ipomydon*, Seijo University.
Kuhn, S. M. (1975) 'On the Making of the Middle English Dictionary,' *Poetica* 4, pp. 1-23.
Leach, M. (1937) *Amis and Amiloun*, EETS, OS 203, Oxford.
Lumby, J. R. (1866) *King Horn, Floris and Blauncheflur, The Assumption of our Lady*, EETS, OS. 14, Oxford.
Kurath, H. (1960) 'Some Comments on Professor Visser's Notes on the Middle English Dictionary,' *English Studies* 41, pp. 253-254.
Lindström, B. (1995) 'A Further Note on *Havelok*,' *Notes and Queries* 240, pp. 22-23.
Mills, M. (1973) *Six Middle English Romances*, London.
Perryman, J. (1980) *The King of Tars*, Heidelberg.
Rickert, E. (1906) *The Romace of Emaré*, EETS, ES. 99, London.
_____. (1908) *Early English Romances in Verse Done into Modern English: Romances of Friendship*, New York.
齊藤俊雄訳（1993）『アミスとアミルーン』 大阪大学言語文化学部。
Saito, T. and M. Imai (1987) *A Concordance to Middle English Metrical Romances* I, II, Osaka University.
Sands, D. B. (1966) *Middle English Verse Romances*, New York.
Schmidt, A. J. E. (1937) *Syr Tryamowre*, Utrecht.
Schmidt, A. V. C. and N. Jacobs (1980) *Medieval English Romances*, London, Part I, II.
Skeat, W. W. (1868) *The Lay of Havelok the Dane*, EETS, ES. 4, Oxford
_____. (1915) *The Lay of Havelok the Dane*, 2nd ed., rev. by K. Sisam, Oxford.
Smithers, G. V. (1981) 'Four notes on *Hauelok*', in Benskin, M. and M. L. Samuels eds., *So Meny People Longages and Tonges: Philological Essays in Scots and Mediaeval English Presented to Angus McIntosh,* Edinburgh. pp. 191-209.
Smithers, G. V. (1987) *Havelok*, Oxford.
Tajiri, M. (1988) 'Annotations on *Sir Cleges*, A Middle English Metrical Romance,' 『大阪外大英米研究』16, pp. 211-231.
Visser, F. Th., (1959) 'The Middle English Dictionary', *English Studies* 40. pp. 18-27
_____. (1960), Notes and News, *English Studies* 41, pp. 254-255.
Weston, J. L. (1914) *The Chief Middle English Poets*, New York.

中英語テクストの多様性/多義性と辞書
"Gret diversité"/Polysemy of Middle English Texts and Dictionaries

菊 池 清 明

序

　中英語のテクストといっても、ほぼ5世紀にまたがり、しかも「方言の著しい多様性」のほかに、ジャンル・文体・韻律なども多種多様であり、実に複雑な様相を呈する。中英語期における方言上の多様性については、チョーサーが『トロイラスとクリセイダ』(*Troilus & Criseyde*)の「結びの歌」(envoi)でその多様性 "gret diversité" を慨嘆し、それを克服することを願ったほど中英語期における各方言間の差異は著しかった。[1] 近代の辞書観、つまり特定の作品のコンテクストにおいては多義的な語彙でも一義的に限定され、定義できるという楽観的な言語観があるが、英語史上最も複雑な言語環境にある中英語の場合においては、それはどうも単純に過ぎるようだし、危険でもある。そうした辞書観に基づく中英語についての辞書では、中世の詩人がとりわけ好んだ、一つの語彙に複数の潜在的な意味合いを込めて醸し出す複合的な意味を説明することにはおのずから限界がある。事実、各作品の glossary、*Oxford English Dictionary*（以下 *OED* と略）、*Middle English Dictionary*（以下 *MED* と略）にしても、中世のアレゴリーやアイロニーなどによって綾織りされた語彙・表現がもつ多義性を説明しきれていないのが現状であり、不十分と言わねばならない。

　本稿では、チョーサーのファブリオにおける *hende* を取り上げ検討する。『カンタベリー物語』(*The Canterbury Tales*) の 24 の物語群のうち、「粉屋の話」、「荘園管理人の話」、「托鉢修道士の話」、「教会裁判所召喚吏の話」、「船

乗りの話」、「商人の話」、「バースの女房の前口上」の7つの作品が〈ファブリオ〉のジャンルに属する物語といってよい。いかがわしい野卑な物語であるファブリオには、素材自体が滑稽な笑いを誘い出す糞尿譚、姦通、夜這い、てんやわんやの大騒ぎといった要素がふんだんに盛り込まれている。しかし、このファブリオの笑いがそうした素材の面白さだけでなく、通常は良い意味で使う語をそれとは逆の意味を意図して用いる修辞上のアイロニー、つまり"語義反用"（antiphrasis）、あるいは観客にはすでにわかっていることをあえて知らないふりをして、その逆の事実を言及しながら、褒めたり、貶したりする"演劇でのアイロニー"（dramatic irony）といった反語的な意味転用の言語表現にも大きく依存している点を看過してはいけない。しかも、チョーサーのファブリオでは素材の面白さ以上に、こうした用法がおかしさや滑稽さを生み出す重要な働きをしている。とりわけ、チョーサーのファブリオの中でも、「粉屋の話」と「荘園管理人の話」においては、この用法が見られる。14世紀の『ガウェイン卿と緑の騎士』（*Sir Gawain and the Green Knight*）など、多くののロマンスで、「（宮廷風の高貴な人の態度、振る舞い、性格について）その洗練された身のこなし、礼儀正しさ」を称賛する伝統的な形容辞でありながら、文脈次第で全く対立する二つの意味合いを併せ持っていた極めて曖昧な性格形容辞 *nice, sely, hende* などはその典型的な例である。例えば、*sely* は、古英語から中英語にかけて意味の下落（pejoration）が起きた単語である。古英語*gesælig* においては happy, blessed を意味したものが、中英語 *sely* では、innocent, harmless, pitiable, miserable となり、さらに、中世後期にはほぼ現代の silly にまでその意味が低下する。因みに、*OED* では、現代英語の silly, simple, foolish を意味する *sely* の初例は16世紀を待たなければならないが、[2] Norman Davis 主幹の A Chaucer Glossary では、チョーサーの「粉屋の話」での用例に、simple, hapless という否定的な意味をすでに与えている。[3] 物語の展開につれて、これらの形容辞が何度も反復されると、文脈とともにこれらの形容辞も本来の意味とは反対の意味を含む反語的な意味の拡がりをみせ、しかもその意味の曖昧さ、あるいは様々な意味の複合的な

重なりが動作や人物描写に活気と躍動感を与え、同時に皮肉さや滑稽さの効果が高められ、浅薄な内容を軽妙に語るファブリオとしての本質を遺憾なく発揮することになるのである。登場人物の迫真性は、一つには本来登場人物に付される的確な形容辞の使用に因るが、興味深いことに、チョーサーのファブリオではむしろ意図的に実態をぼかそうとする、不正確で曖昧な *hende, sely* といった形容辞によってそうした効果が生まれている。複合的な意味合いを常に併せもつ *hende, sely* という形容辞を使用することによって、ニコラス、アブサロム、ジョンといった、ファブリオに登場するちぐはぐで戯画的な人物の性格を強く印象づけることをチョーサーが意図したことは明らかである。

　宗教詩をはじめとして、年代記、ロマンス、さらにはファブリオにいたるまで中英語期の作品全体を解釈する上で鍵となるばかりか、英語史的にも重要な基本語である *hende* に与えられた glossary, *OED*, *MED* における語義記述の比較検討を通して、それらからはどれほどの固有の情報が得られるのか、そして得られるのであれば、その情報が中英語のテクストの解釈にどれほど有効なのかを探る。作品の文学的コンテクストばかりだけでなく、社会的・文化的要素にも注意を払いながら、中英語の多様なテクストの中で複合的に意味変化する多義的な語彙を読み解く際の *OED*, *MED* の問題点を指摘したうえで、*hende* の語義・用法の記述について新たな提案をしてみたい。

I

　OED の *hende* の項をみると、現在は廃語であり、語源の解説によれば、*hende* は、明らかに古英語の *gehende* の語頭母音消失による語形ということと、形容詞及び副詞で意味は「近くの、近く、便利な、手近な、使いやすい」ということなどが知られる。それが Old High German, Middle High German の *gehende, gehente* に相当すること、また hand に基づいて語形成された西ゲルマン語の推定形 *gahandja-z* と、複合語、派生語を作る場合に用いられる

造語の構成要素である古ノルド語の-hendr と関連のある語であることが解説され、hende が西ゲルマン語のみならず、北ゲルマン語にも広がる古い歴史をもつ重要な基本語であることが理解できる。

次に語義の説明が続く。形容詞の項では、大きく6つの語義が区分されている。ここでは特に hende がどのような文学作品において用いられているかに注目しながら、語義、用例のジャンル、年代の順に、OED の語義記述を概観してみる。

1. 「〈場所が〉 near, at hand」

   注記として、「中英語においては叙述用法のみで、副詞の用法とは判別がつきにくい」ことが述べられている。用例のジャンルは、アルフリッチの説教集(c1000 年)、『アングロ・サクソン福音書』Anglo Saxon Gospel と『ハットン福音書』Hatton Gospel の「マルコによる福音書」第1章38節(c1000年)。

2. 「ready to hand, convenient, handy」

   用例のジャンルは、宗教書(アルフレッド訳オロシウス『異教徒を駁する歴史』Historia adversus Paganos：c893 年)、風刺詩(ウイリアム・ダンバーの『二人の人妻と未亡人』Tua Mariit Wemen and the Wedo：1508 年)と叙事詩(ダグラス訳『アエネーイス』：1513 年)。

3. 「ready or skilful with the hand, dexterous, expert, skilful, clever」

   用例のジャンルは、Layamon の伝説的年代記(c1205 年)、ロマンス『デーン人ハヴェロック』Havelock the Dane (c1300 年)、ロマンス『ウォリックのガイ』Guy of Warwick (c1300 年)、年代記(1494 年)、ウイリアム・ダンバーの寓意詩 Goddyn Targe (村の祭宴を歌ったスコットランドのバラッド：a1550 年)。

4. 「pleasant in dealing with others; courteous, gracious」

   語義の説明では、「人について形容し、ことば、行為については通常あまり用いられない」ことと、注記では、「伝統的な称賛の形容辞で、中英語詩によくみられる」ことが述べられている。用例は、伝説的年代記『ラヤモン』

(c1205年)、『トリニティーカレッジ説教集』(c1205年)、宗教教育書『世界を駆け巡るもの』*Cursor Mundi* (c1300年)、チョーサーの「托鉢修道士の前口上」(c1368年)、ロマンス『トロイ滅亡記』(c1400年)、スコットランドの宗教家カセベッツを扱った聖者伝(c1450年)、宗教説教集(c1450年)、タウンリー奇跡劇(c1460年)、叙事詩（ダグラス訳『アエネーイス』：1513年)、道徳劇を基にした短い喜劇 *World and the Child* (1522年)、英語についての解説書(1616年)、フランシス・チャイルド編集によるバラド集(a1765年)から。この語義での用例のジャンルをまとめると、宗教的なもの4点(説教集2、宗教教育書、聖者伝各1点)、年代記、ファブリオ、ロマンス、奇跡劇、叙事詩、喜劇、英語の解説書各1点。

5. 「pleasing to the sight; comely, fair」
用例は、伝説的年代記『ラヤモン』(c1205年)、聖者伝『イスカリオテのユダ伝』*Judas Iscariot* (c1305年)、医学書(c1350年)、政治、宗教及び恋愛詩 *Stacions of Rome* (a1400年)、スコットランドの詩人サー・リチャード・ホランドによるチョーサーを模倣した寓意詩 *The Buke of the Howlat* (c1450年)から。ジャンルは、年代記、聖者伝、医学書、政治,宗教および恋愛詩、寓意詩から各1点。

6. 後に続く名詞を略した独立用法である、独立形容詞、つまり名詞的用法。
「gentle one, courteous, gracious one」
注記として、「伝統的に、主に貴婦人や身分の高い人に用いられ、bright や fair などの形容詞と同じ用法」であることが述べられている。用例は、宗教教育書『世界を駆け巡るもの』*Cursor Mundi* (c1300年)、ロマンス『トロイ滅亡記』(c1400年)、シャルマーニュ伝説を扱った頭韻の long-lines の数行と脚韻の短い数行とを結合させた詩形をもつ笑い話ロマンス『炭焼き Rauf』*Rauf Coilȝear* (c1475年)、ウイリアム・ダンバーの風刺詩『二人の人妻と未亡人』*Tua Mariit Wemen and the Wedo* (1508年)、ロバート・レイナムの書簡集から。ジャンルは、ロマンス2と宗教教育書、風刺詩、書簡集から各1点。

歴史的原理に基づく *OED* は語義をその歴史的発達の順にそって提示している。その記述から、*hende* の歴史的な意味変化とその多義性を辿ると次のようになる。「近い；近くの；手元にある」ので、「便利で；手頃で」ある。これに、「使いやすい」、「機敏さ、器用さ」の意味が付加され、「手早い、巧みな、手先の器用な」という意味が生じる。そういう器用な人は「振る舞いが感じよく、好ましい」。しかもこのような人は「洗練された身のこなし」ができ、態度は「礼儀正しく」、「おもいやりがあり」、「優しい」人であり、さらに「見て心地よく」、「見目麗しく」もあるという語義が派生したことがわかる。

例文が引用されている作品のジャンルについて言えば、*OED* においては、特定のジャンルに偏ることなく、様々なジャンルの作品から例文が採用されている。ただ、ある時代に特定のジャンルの作品が集中している場合、そうしたジャンルから採用すべきなのか、あるいは引用例文の多様性という観点から、主要ではないジャンルの作品からもとるべきなのか、これは難しい問題であり、後ほどこれについては触れることにする。

II

次に *MED* で、*hende* の語義記述を見る。*MED* は多くの引用例文を配しているが、記述を簡潔にするためと紙幅の制約上、特別な例を除き、作品名は省略し、作品のジャンルと例文の数についてのみ記すことにする。

1. (a) 「Having the approved courtly or knightly qualities, noble, courtly, well-bred, refined, sportsmanlike」
   19 の引用例文中、ロマンスが 12、年代記 1、政治詩 1 (*Flemish Insurrection*)、宗教教育書 1、中世イギリスのおけるフリーメーソンの活動記録書 1 (*Const. Masonry*)、聖者伝 2、Incipit stencil（タイトルがない小作品）1。
   (b) 「(独立用法) 名詞として：a noble person; good sir; (丁寧な呼びかけ又は慣習的な敬称として) my good sir [lady], gracious lady, (聴衆への呼

びかけで）ladies and gentleman」

15の引用例文中、ロマンス14、宗教詩（*Pearl*）1。

(c)「(支配者、王国が) powerful; noble, royal」

8の引用例文中、ロマンス3、年代記3、聖者伝1、宗教教育書1。

(d)「beautiful, handsome」

11の引用例文中、ロマンス2、年代記3、聖者伝1、宗教教育書1、ファブリオ1、Incipit stencil 3。

(e)「valiant」6の引用例文中、ロマンス4、年代記2。

(f)「fine, pleasant, well-made, valuable; (独立用法) 名詞として：a pleasant thing」

9の引用例文中、ロマンス1、年代記4、宗教詩1、道徳寓話劇1 (*The Castle of Perseverance*)、奇跡劇1、Incipit stencil 2。

(g)「polite, smooth, complaisant, over-refined」

9例中、ロマンス1、説教作品2 (*Piers Ploughman, Ancrene Riwle*)、聖者伝2、歴史書、ファブリオ、料理法・マナー書、Incipit stencil 各1点。

2. (a)「(神、キリスト、聖母マリアなどについて) gracious, merciful, loving; (名詞的用法)」12の引用例文中、ロマンス2、聖書1、聖者伝1、奇跡劇3 (Ludus Coventriae 1, Towneley 2)、翻訳1 (*Cato*)、Incipit stencil 4。

(b)「virtuous; (**hende and god** の定型句で)」

12の引用例文中、説教文学1 (*Ancrene Riwle*)、宗教教育書1 (『世界を駆け巡るもの』*Cursor Mundi*)、聖者伝3、奇跡劇3、ロマンス2、教訓詩1、年代記1。

(c)「gentle, mild, kindly, generous, noble-minded」

注記として、「2. (b) と必ずしも語義区分できるとは限らない」とある。11の引用例文中、説教文学2 (*Ancrene Riwle, Cleanness*)、聖者伝2、宗教教育書1 (『世界を駆け巡るもの』*Cursor Mundi*)、年代記3、ロマンス1、奇跡劇1、Incipit stencil 1。

(d)「humble, obedient, patient, tame, demure」

9 の引用例文中、説教文学 1 (*Pearl*)、説教集 1、奇跡劇 4、ロマンス 1、Incipit stencil 2。
3. (a)「skilled, clever, crafty, skillful」
   8 の引用例文中、年代記 1、笑い話 1 (*Sirith*)、ロマンス 3、ファブリオ 1、Incipit stencil 1。(b)「helpful」3 の引用例文中、ロマンス 2、道徳寓話劇 1。
4. 「near, close by, handy」***somer hende*** [next summer], ***fer and*** (***ne, other***) ***hende*** [far and (nor, or) near] の定型句で。
   12 の引用例文中、年代記 2、聖者伝 2、聖書 1、ロマンス 5、書簡集 1、奇跡劇 1。
5. 「姓名の中に用いられもの」（＊この用法により、この hende という語が卑近な語彙であることが理解できる）。
   4 つの引用例文中、法令・条例 1、公立記録調査書 1、助成金についての公文書 2。

　以上、*MED* については、アラビア数字で大別された 1 の (a) から (g) までの語義区分とその引用例文 77 例からは次の点が指摘できる。77 例の引用例文中、37 例がロマンスから引用されていること、またここでの引用例文に限って言えば、*hende* の意味は、圧倒的にロマンスにおける理想的な騎士を讃える「折紙付の宮廷風、あるいは騎士にふさわしい特性を備えた、気高い、高潔な」と、その転用語義であることがわかる。2 は、キリスト、マリアといった信仰や崇拝の対象となるような神や人物を賞賛する、「恵み深い、慈悲深い、慈愛に満ちた」という意味とその転用語義である。3 は、「手先などが器用な」という意味である。4 は、「（場所・時間が）近い、間近い」という意味。5 は、姓名の中で用いられるもの。

　MED が提供する情報から、中英語においては、*hende* の意味は第一義的に、「理想的な騎士とキリストやマリアを讃える」1 と 2 ということが理解できる。しかし、この重要な情報は、*OED* からは得られない。となると、抽象

的・一般的な定義を与え、偏りなく多くのジャンルの作品から引用例文を取る *OED* の編纂方針は、必ずしも問題なしとはいえない。*MED* の *hende* の項における例文が引かれている作品のジャンルとその数からもわかるように、*hende* の用法はロマンスと宗教作品において圧倒的であるにもかかわらず、*OED* においては、32 の引用例文のうちロマンスからの引用はたった 5 例しかない。しかも、その 5 例のうち 3 例の語義は、すでに見てきたように *hende* の主要な意味、つまりロマンスや宗教的な作品における理想的な騎士、あるいはキリストやマリアなど信仰や崇拝の対象となるような神や人物を賞賛するものではない。2 例の例文は韻文ロマンス『デーン人ハヴェロック』と十字軍の精神に基づくロマンス『ウォリックのガイ』から引かれ、語義は「手先の器用さ」を意味する 3 の区分であり、もう 1 例は、韻文ロマンス『トロイ滅亡記』からの引用で、後に続く名詞を省略した独立用法、つまり 6 の語義区分としての用例である。これでは中英語期における *hende* の多義語としての全体像ばかりか、その中心的な語義や用法すら理解することはできない。この *hende* における *OED* の引用例文の選択は、歴史的原理に基づき、語義の時代的変化を歴史的発達の順に記述し、少なくも 100 年に 1 例の割合で代表的な用例を提示し、実証的な立場から客観的に辿るという辞書としては、適切とはいえない。しかも、引用例文は単に語義・用法を例証するだけでなく、その単語の言語文化史について多くの情報を提供する重要な要素であることからしても、中英語期における *hende* のような多義的な語彙への *OED* の用例の選択にはそうした配慮や注意が十分行き渡っているとは言い難い。

III

中英語における *hende* は、ソールズベリのジョンが宣誓の省察で、「教会を保護し、不誠実と戦い、司祭職の栄誉を高め、貧者たちに対する不義を取り除き、国土に平和をもたらし、自分の兄弟のために血を流し、必要とあらば生命を捧げる」と述べたようなキリスト教的理想の騎士を讃える、"courteous, gracious, noble, courtly, well-bred, refined"といった意味をその中心にもつ単語であった。従って、*hende*が、好色を主題とする庶民的な卑猥話、「粉屋の話」の中で、人の若妻を寝取る下宿人の大学生に対する主要な形容辞としては適切ではない。ファブリオにおける*hende*の語義転用とその意味の拡がりは、*hende*が主としてロマンスや宗教作品における理想的な騎士やキリスト、マリアを讃える形容辞であったという事実を前提としてはじめて成立する。チョーサーの、「粉屋の話」や「荘園管理人の話」をはじめとするファブリオというジャンルにおける*hende*の用法はまさにそれである。中世の多くのロマンスのなかで用いられた理想的な騎士を称賛する*hende*本来の語義と、ファブリオというジャンルにおいてキリスト教的理想の騎士とは全く対照的な資質をもつ人物の言動と実体との間に物語の展開とともに大きなずれが生じ、その〈ずれ〉を含んだ滑稽かつ曖昧ではっきりとしないその複合的な意味合いこそが、ファブリオというジャンルにおける*hende*の語義なのである。

　チョーサーは、この語の第一義的な「(騎士として)気高い、高潔な；(神、キリスト、マリアなどが)慈悲深い、慈愛に満ちた」という意味と、滑稽で下品かつ卑猥な韻文世間話、ファブリオというジャンルにおいて、実際に読者・聴衆に第二義的に伝わる意味との間の〈ずれ〉を綿密に計算し、彼特有の密かな知的な笑いを生み出している。チョーサーのファブリオ、更には彼の文学そのものの重要な要素と言ってよいこうした〈笑い〉の本質を理解するには、中英語における*hende*の多義性という言語的な側面のみならず、中産階級の擡頭とともに文学の中に座をしめるようになったファブリオというジャンルに、それまでのロマンスにおける騎士階級の理想主義と因習的な風潮への反抗とアイロニーが内在する、といった文化的・社会的な知識も求められる。

　中英語期に*hende*がロマンスや宗教作品において多用された語であったという事実は、*MED*の引用例文の豊富さによって具体的に理解できる。この点は重要である。しかし、*MED*は、ロマンスという特定のジャンルが意識さ

れることによって、はじめてファブリオにおける *hende* の意味転用が可能になる点については何ら言及していない。*MED* では、3 の語義区分でチョーサーの「粉屋の話」から引用例文を取っているにもかかわらず、用法についての注記や説明はなく、その語義通りに理解すれば間違った作品解釈を導きかねない。一方、*OED* からも、ロマンスをはじめ多様なジャンルの作品に広く用いられている *hende* を取り巻く言語状況は理解できない。*OED* の記述からも理解できるように、*hende* は、歴史的には古ノルド語などの古ゲルマン諸語との関係にも遡れ、また古英語から中英語を経て近代にまで至る古くて長い歴史をもつ英語史上重要な基本語であったことは明らかであり、しかも、すでに述べたようにロマンスや宗教詩においては主要人物の性格を決定する重要な形容辞であった。この語の通時的な意味的・用法的変遷において、チョーサーが用いた意味転用の用法の重要性は否定しがたい。Norman Davis 主幹による、*Chaucer Glossary* を調べれば、*hende* の使用が 16 例中、13 例までがファブリオにおいてみられることが理解できる。[4] こうした事柄と「万人に自明の単純な基本単語こそ詳細な語義用法の説明を必要とする」という"言葉の事典"の編纂方針を考慮すると、*OED* と *MED* にこの単語の意味転用の用法について少なくとも何らかの記述や説明を求めることは妥当のように思われる。

IV

　語の意味が本質的に文化的・社会的諸相と密接に連関している以上、語の意味は単に作品の文学的コンテクストによってのみ決定されるのではなく、作品が書かれた時代の諸相も併せて考慮されなければならない。ロマンス、ファブリオそして問答詩にはそれぞれのジャンルによってでてくる特有の語彙の用法がある。ロマンスなら、宮廷風恋愛と騎士道、ファブリオなら民衆がおかれていた生活環境やロマンスの理想主義と因習的な風潮への反抗とアイロニー、そして問答詩なら修辞学教育と言ったように、ジャンル特有の要

素が語彙に複雑な意味の陰影を映し出している以上、とりわけ中英語においてはそうした要素に対する相応の認識と理解が語彙解釈の前提となろう。

　中世の言語にたいする感覚が鈍感になってしまっている現代の我々が、中英語期の単語の意味を理解する場合、その単語を取り巻く文化的・社会的要素についての情報は肝要である。従って、言語文化の歴史性というものを重要な編纂の原理としている *OED* であるならば、それぞれのジャンルの代表的な作品の鍵となる重要な基本語については、できるだけ事項説明を設け、その中で少なくとも語の注意すべき用法や文化的側面について記述するなり解説することが望まれる。[5] とりわけ *OED* は、純言語学的というよりは、言語文化的な要素の強い辞書である。いかに簡略であっても、そうした情報や解説が語の意味を理解する上で大いに助けとなる。また、言語文化史的注記こそが他の辞書には見られない *OED* の真価と言えるのだから。

　また、現代の言語観により、中世の作品に用いられている個々の単語の意味をことさら細分化し定義することは、N. F. Blake が指摘するように、[6] 英語の辞書もなく、単語に明確な意味があるというよりは、伝統的な語の連語関係や語と語との並置によって意味をもつ中世の言語環境を考えた場合、妥当のようには思われない。語源もはっきりせず、作品の文学的コンテクストからも特定の意味が確定できない場合は、無理やり語義を仕立てあげるよりは、そのまま曖昧な意味のままにしておくことも、今述べた中英語期における言語環境やギリシャ語・ラテン語のような正用法が欠如していた実情からすれば、一つの見識ある方法といってよいだろう。チョーサーのファブリオにおける *hende* の用法の場合も、無理やりコンテクストに即して語義を細分化する必要はない。その旨注記として説明すれば十分である。具体的に言うならば、*OED* では4の語義区分、*MED* では1の語義区分の注記として次のような一文を、また引用例文にチョーサーのファブリオ、「粉屋の話」と「荘園管理人の話」から2例をさらに追加して付せばよい。

　　A conventional epithet of praise, especially in romance, as characterized ironically in

fabliau.
c1386 Chaucer *Miller's*. 3397 Now ber thee wel, thou *hende* Nicholas. Ibid. *Reeve's Prol.* 3855 Whan folk hadde laughen at this nyce cas of Absolon and *hende* Nicholas.

その理由は、*hende* の場合、現代の大半の読者が、チョーサーの「粉屋の話」か「荘園管理人の話の序」でこの *hende* に出くわし、その意味を摑みかね、*OED* や *MED* を利用するということになるからである。しかし、今見てきたように、*OED*、*MED* のいずれも満足のいく解説あるいは説明を提供してはいない。*OED*、*MED* の語義をそのまま採用してチョーサーのファブリオを読めば、作品の解釈までもかわってしまう恐れさえある。例えば、チョーサーの現代語訳として広く知られている Tatlock と Mackaye の訳では、この *hende* Nicholas の *hende* がすべて「gentle」に置き換えられているために、おもしろさが全然伝わってこない。(7) 一方、Nevill Coghill の訳では、*hende* を、「gallant」、「dandy」、最後に「spark」と物語の展開に合わせて訳語を変化させており、ニコラスの性格描写あるいは変貌の面白さを見事に訳出し、表現している。(8) 先ず、騎士を形容するにふさわしい「勇ましい」と同時に「婦人に親切な」、さらには「色事の好きな」という多様かつ微妙な意味合いを併せ持つ「gallant」で Nicholas を描写してその性格を読者・聴衆には曖昧のままにしておく。次第に Nicholas の本性が表れるにしたがって、gallant Nicholas は、実は「色男」dandy Nicholas で、「女に言い寄る」、しかも「女たらしの」spark Nicholas となる次第である。このように、ファブリオというジャンルにおいてコンテクストにより複合的な意味変化をする *hende* の語義は単に語義反用という用法によって理解されるほど単純ではない。

14世紀、硬直しながらも未だ残存していた騎士制度と厳格なキリスト教社会という中世の社会体制がロマンスを、そして同時に宗教作品を生み出し続けていた。ロマンスと宗教作品の中で、騎士とキリスト、マリアを讃える形容辞であった *hende* はその社会体制を肯定し、力強く支えた単語であったといえよう。あるいは、*hende* は、中世社会における政治的象徴である騎士階級

とキリスト教の聖典たる聖書という二つの権威・秩序を読み込み反映した単語であったともいえる。あたかもそうした中世の社会的・宗教的価値観を内包する hende の意味を揶揄するかのように、アイロニカルで否定的な複数の意味合いが潜在的に込められた単語の解釈に現代のわれわれが対処する場合、当然文化的・社会的背景に注意を払わなければならず、その語義記述には上に提示したような解説と用例が不可欠なのである。[9]

注

(1) Burrow と Turville-Petre も、チョーサーの時代の英語を取り巻く困難な言語状況を次のように指摘している。

"The absence of a nationally recognized standard of written English in the period unfortunately presents readers of Middle English literature with problems of linguistic diversity much greater than those encountered in the reading of post-medieval texts - or indeed Old English ones. Geoffrey Chaucer complained of the 'gret diversité/In Englissh and in writyng of oure tonge' (*Troilus* 5. 1793-4) .... It is the absence of such a generally accepted standard in Middle English which leads to the 'gret diversité in writyng of oure tonge' observed by Chaucer."
J. A. Burrow and Thorlac Turville-Petre, *A Book of Middle English*, 2nd ed. (Oxford: Blackwell, 1996), p. 5.

(2) *OED* s. v. *seely*, a. 8.
(3) *A Chaucer Glossary*, compiled by Norman Davis *et al*., (Oxford: Clarendon Press, 1979), *sely*, adj.
(4) その例全てを以下に挙げる。短い引用ながら、ファブリオと『薔薇物語』の3例とには hende の語義に顕著な違いが見られることがわかる。

This clerk was cleped *hende* Nicolas	Mil. 3199
That on a day this *hende* Nicholas,	Mil. 3272
She loveth so this *hende* Nicholas,	Mil. 3386
Now bere thee wel, thou *hende* Nicholas,	Mil. 3397

And *hende* Nicholas and Alisoun	Mil. 3401
Me reweth soore of *hende* Nicholas!	Mil. 3462
And atte laste this *hende* Nicholas	Mil. 3487
'Why, yis, for Gode,' quod *hende* Nicholas	Mil. 3526
'A berd, a berd!' quod *hende* Nicholas,	Mil. 3742
With *hende* Nicholas and Alisoun	Mil. 3832
Of Absolon and *hende* Nicholas,	Rv. 3856
This joly clerk, Jankyn, that was so *hende*,	W. B. 628
Oure Hoost tho spak, 'A, sire, ye sholde be *hende*	Fri. 1286
And if he were so *hende* and wis,	R. R. 285
Ful *hende* folk and wys and free	R. R. 1306
Trewe and siker, curteys and *hende*;	R. R. 3345

(5) Hende 以外にも、補足的な解説・記述が求められる単語としては、『梟とナイチンゲール』では、*foliot, spale, galegale, iwende, wunne, mis3enge, atbroide, wronehede* など、チョーサーでは、*nyce, sely, swere* など、『ガウェイン卿と緑の騎士』では、*accole, ver* などが挙げられよう。

(6) "The absence of dictionaries in the medieval period may have contributed to other differences in the way language was used then. Today dictionaries create the feeling that words have a closely defined meaning, and the provision of such definitions is part of an editor's task. Imagine a situation in which dictionaries do not exist. How would anyone grasp the range of meaning of a word without the literary and linguistic resources available to the modern dictionary-maker? Without dictionaries words will be only partly understood, as happens today with words from a different part of the country which are not included in standard dictionaries .... Where individual words carry less meaning than we attribute to them they will acquire significance through being associated with other words in traditional groupings or collocational sets. Such habits lie behind the use of formulas and themes in medieval literature whereby an author constructs his meaning by phrase or theme rather than by the use of key words, as might be more normal today."

N. F. Blake, *The English Language in Medieval Literature* (1977; rpt. New York: Methuen, 1979), pp. 50-1.

(7) John S. P. Tatlock and Percy MacKaye, *The Modern Reader's Chaucer: The*

Complete Poetical Works of Geoffrey Chaucer in Modern English (London: Macmillan, 1966).

(8) Geoffrey Chaucer, *The Canterbury Tales*, translated by Nevill Coghill (1951; rpt. The Penguin Classics, 1977).

(9) 参考までに、中英語テクストを読む際に注意すべき *OED*, *MED*, glossary の利点と欠点について述べる。各作品の glossary は、歴史を排除した共時的要素の強い、限りなくテクストに密着した語義の解釈をしたものであり、*MED* はその規模を大きくしたものと言える。Glossary, *MED* では、個々のテクストのコンテクストが意味決定において最大に重要視されている。従って、個々の作品を詳細に読む場合には、glossary, *MED* を利用しながら読むことは作品の内容やコンテクストにあった語義を見いだすことが容易であり、経済的である。しかし、語義決定をする上で個々の作品の狭い文学的コンテクストを最優先している語義解釈がその語の歴史的発展という広いコンテクストに置かれた場合に果たしてどれほど妥当性があるかは問題が残る。一方、*OED* は、個々の現象の変遷を辿る歴史性を最重要視する。そこでは、共時的な事実を積み重ねながら、歴史的な流れの中で抽象される一般的な定義がなされている。これにより、単に特定のテクストのある語の意味を単独に調べるというよりは、前後の作品や、周辺の作品において、その語がどのような意味合いをもって使用されているのかといった情報を求める場合には、*OED* は有効といえる。しかし、中英語のテクストにおいて用例が数例というような場合には、当然ながら、周辺の多くのテクストを採用している *MED* の語義解釈が *OED* よりも信頼できる。*MED* は、*OED* よりも、中英語の作品に限定すれのであれば、今見てきたようにより網羅的である。しかし、*OED* の引用例文を通読することによって英語という言語文化の歴史的変遷についての貴重な情報と示唆を与えられることが多く、中英語の作品を読む場合にも、古英語から現代に至るまでの通時的視点に立った用例から語義の解釈が帰納されている *OED* のほうがより生産的と言える。先ず、*OED* で、調べる語の歴史的な全体像を把握してから、*MED* において中英語期のより詳細な情報、例えば、どのようなジャンルの作品において頻繁に用いられているのかなどについて調査し、語義を理解すればよい。この点において *MED* は実に有益である。このようにして得られる情報は、語の意味を理解する上で必須の語の背後にある、あるいは表面的な意味以外に感じられる微妙な意味合いやことばが指し示す内容や雰囲気のようなものさえも得ることができる。

言語変異と辞書*

西　村　秀　夫

1.　はじめに

　Görlach (1995b: 1-2) は、1960年代から1970年代にかけて一時的に衰退したと考えられた英語史研究が、近年再び活発になってきていることを指摘し、その特徴として次の5つを挙げている。

1) 社会史や社会的歴史言語学（sociohistorical linguistics）に対する関心
2) 後期近代英語や現代英語、イングランド以外の地域変種への注目
3) 言語変異（linguistic variation）に対する興味、およびそれに関連するコーパス言語学の発展
4) 方法論の厳密さや理論の抽象性の重視
5) コンピュータを利用して大量のデータを分析する辞書学や語彙研究の新しいアプローチ

　これら5つの項目は決して独立したものではなく、程度の差こそあれ、相互に関連を持つと考えられるが、本稿では特に3)に注目し、言語変異を視野に入れた英語史研究に、*Oxford English Dictionary*（*OED*）や *Middle English Dictionary*（*MED*）がどの程度役立つかを考えていく。

1.1　まず、用語の定義をしておく必要がある。「変異 (variation)」とは、「談話のトピック、聞き手との社会的な関係、伝達経路、聞き手や場面の大きさや性質といった要因に応じて、個々の話し手が、用いる言語のパターンを変

化させること」をさす（Scott and Machan 1992: 9）。

　これに対して「変種（variety）」とは変異が具体的に現れた形であり、Görlach (1995c: 143) によれば、これはさらに、言語使用者 (user) による変異である「方言（dialect）」と、言語使用 (use) による変異である「レジスター〔言語使用域〕(register)」に細分される。[(1)]

1.2　言語変異や言語変種を扱った研究の代表的なものとして、Burnley (1983) を挙げることができる。'Variation, Context, and Style' と題されたその第 2 部では、Chaucer の作品世界におけるレジスターやスタイルの問題が詳細に論じられている。また、Lester (1996) は 'Linguistic Varieties' と題する 1 章を設け、古英語期および中英語期の文学作品を材料に、言語変種のさまざまな側面を具体的に論じている。

　これら 2 点の書物に端的に示されているように、大部分の研究者の目はこれまでもっぱら文学的なテキストにのみ向けられてきた。しかしながら、近年テキストタイプに対する関心が高まり、非文学的なテキストもまた研究対象に含まれるようになってきている。

　テキストタイプとは比較的最近の概念であり、上述 **1.** の 3) の後半部分にもあるように、コーパス言語学の進展とともにクローズアップされてきた分野である。コーパス言語学が扱うコーパス、すなわちコンピュータコーパスとは、「特に言語研究の対象となった言語変種を代表させるために、明確なコーパスデザインをもって収集されたテキストの集合体」で、そのサイズには上限があり、コンピュータ上で扱えるものをさす。コーパスをデザインする際に重要なのが、テキストタイプ（あるいは、その上位概念としてのテキストカテゴリー）で、これはテキストの主題、機能（目的）、意図された伝達経路・対象などの要因に基づいて設定される。きわめて多様な言語資料を有限個にカテゴリー化すること自体、非常に困難な作業であり、どのようなカテゴリーを設定するべきか、ということについては、今なお議論が続いている。しかし、実用的なレベルで見れば、現代英語ではコンピュータコーパスに基づ

く辞書編纂が主流となっており、言語変種に関してかなりの情報が得られるようになってきている。たとえば Cambridge International Dictionary of English (CIDE) では、fml (=formal), infml (=informal), slang, taboo; specialized, law, medical, dated などのラベルを用いている。

通時的なコーパスのデザインにおいても、テキストタイプは重要な要素である。古英語から初期近代英語までの約 160 万語を集成した Helsinki Corpus of English Texts: Diachronic Part (以下、Helsinki Corpus) では、以下に示すようなテキストタイプを設定している。[2]

Old English	Middle English	Early Modern English
Law	Law	Law
Document	Document	
Handbook	Handbook	Handbook
Science	Science	Science
		Educational treatise
Philosophy	Philosophy	Philosophy
Homily	Homily	
	Sermon	Sermon
Rule	Rule	
Religious treatise	Religious treatise	
Preface/Epilogue	Preface/Epilogue	
	Proceeding	Proceeding
History	History	History
Geography		
Travelogue	Travelogue	Travelogue
		Diary
Biography	Biography	Biography
Fiction	Fiction	Fiction

	Romance	
	Drama	Drama
	Letter	Letter
Bible	Bible	Bible
X	X	

　このようなテキストタイプの設定が果たして妥当かどうか、従来盛んに議論されてきているが、現時点ではこれに取って代わるものが提案されていないので、本稿では便宜的にこれに従うこととし、Helsinki Corpus が採用する中英語期の4つの時代区分[3] のうち、ME4 (1420-1500) に属するサンプルを検討することにする。その理由は、この時期のサンプルについては、書き手についての情報（年齢・性別・社会的地位など）、書き手と受け手との関係などの情報が、それ以前の期のサンプルに比べて豊富であり、言語変異を考える場合には有効であると思われるからである。

2.　言語変異に関する辞書の記述

　言語変異の問題が明確に意識されるようになったのは比較的最近のことであるが、それぞれに長い歴史を持つ OED や MED には、言語変異に関してどの程度の情報が含まれているのであろうか。OED と MED はわれわれが中英語を読む場合に最も頼りになる辞書であるから、この点に関してある程度の認識を持っておく必要があるであろう。以下、特にラベル付けに注目しながら、それぞれの辞書の記述を検討していくことにする。

2.1　*OED1*[4]

　OED1, OED2 ともに、General Explanations の項で以下の図を載せている。

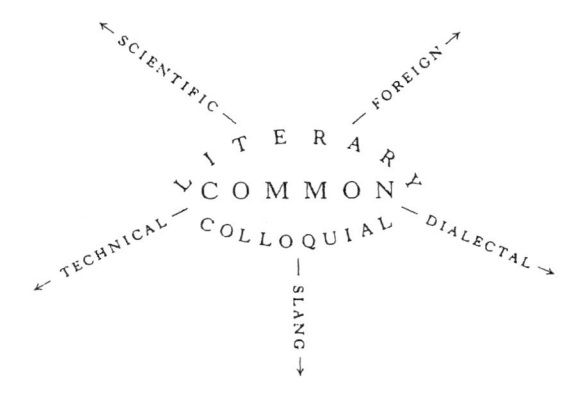

```
        ←SCIENTIFIC→     ←FOREIGN→
              \ L I T E R A R Y /
                \ C O M M O N /
        ←TECHNICAL / COLLOQUIAL \ DIALECTAL→
                    |
                  SLANG
                    ↓
```

　この図では、文語(literary)、口語(colloquial)を含む一般的な語(common words)が中核にあり、それを外国語(foreign)、方言(dialectal)、俗語(slang)、専門語(technical)、科学用語(scientific)が取り巻いている。**1.1** で見た Görlach による変種の区分に従えば、外国語、方言の部分が「方言」に、俗語、専門語、科学用語の部分が「レジスター」に相当する。

　ラベル付けに関連する記述は、同じく General Explanations の Main Words に見出すことができる。「語の同定(identification)」に関して *OED2* では次のように3つの項目を設定している。

4. (*a*) In words of more or less specific use, the *specification* or subject label, as *Mus.* (in Music), *Bot.* (in Botany), etc.
    (*b*) The *variety* of English, when the word is not current in the standard of English of Great Britain, as *U. S., N. Amer., Austral.*, etc.
    (*c*) The *status*, where there is any peculiarity, as *Obs.* (obsolete), *arch.* (archaic or obsolescent), *colloq.* (colloquial), *dial.* Here also is added, when applicable, the epithet *rare*, with $^{-1}$, or $^{-0}$, indicating that only *one*, or *no* actual instance of the use of the word in context is known to us. Words apparently employed only *for the nonce*, are, when inserted in the Dictionary, marked *nonce-wd*.

これに対し *OED1* が設定しているのは(a)specification と(c)status の2つであり、(b)variety に関する記述が *OED2* で初めて付け加えられたことが分かる。

2.2　OEDS

　OEDS では、1)英国以外の地域変種起源の語、2)'common words' を取り巻く領域（scientific, technical, slang, dialectal, etc.）に属する語、3)*OED1* 刊行当時の道徳観の影響により採録が見送られた語、を積極的に取り入れることがなされたが、ラベル付けに関しては、以下の引用からも分かるように基本的に *OED1* を踏襲している。

> The system of labelling is unchanged. Thus, for example, the status label *Obs.* (obsolete), *arch.* (archaic or obsolescent), *colloq.* (colloquial), *dial.* (dialectal), and *slang* are retained notwithstanding the practice in some modern dictionaries of replacing *colloq.* (and sometimes also *slang*) by the label *informal*. Whatever the merits of *informal* it would have been inappropriate to have a different system in the Supplement from that used in the Dictionary itself. The label *N. Amer.* has been used to mean 'recorded in (part(s) of) the United States and Canada'. The Pronunciation Key is in all main particulars unchanged, again in the interests of consistency with the Dictionary. The list of Abbreviations and Signs has been substantially expanded.
>
> 　　　　　　　　　　　　　　　　　　　　　　　—*OEDS*（1972: xvi）

2.3　OED2

　OED2 におけるラベル付けに関する詳しい情報は、*OED2* の本体よりもむしろ Berg（1993: 19-20）から得ることができる。少し長くなるがここで引用しておく。

> A **label** identifies the usual context or status of a word (or sense). When it

applies to the entire entry, it normally appears in the headword section in italic type following the **part of speech** (if given). The five major categories of labels are *status, region, grammatical, semantic,* and *subject:*

(*a*) A *status* label indicates the frequency or register of a word. Status labels include *obs.* (obsolete), *rare, slang, colloq.* (colloquial), and *nonce-word* (a word used 'for the nonce' or for the occasion). An example of this type of label is found in the entries for **palumbine** and the obsolete nonce-word **tedify** in Fig. 3. Note that the label *rare* means that few examples of usage exist. Occasionally, as in the case of **palumbine**, the label *rare* is further defined by a superior number preceded by dash ($^{-1}$) or ($^{-0}$) to indicate that only one or no contextual quotations were found. The ' 0' usually also implies that the word was only located as an entry in an earlier dictionary or similar reference.

(*b*) A *regional* label indicates that a word originated or is used in a particular geographical area, such as *U. S., Canad.* (Canada), *Austral.* (Australia), *Sc.* (Scottish), *south.* (southern), *north.* (northern), etc. The entry for **ranch**, for example, has the label 'orig. *U. S.*'

(*c*) A *grammatical* label identifies a word's or a sense's syntactical function, over and above its part-of-speech role, and includes terms such as *pl.* (plural), *collect.* (collective), and *attrib.* (attributive).

(*d*) A *semantic* label is used to describe the type of meaning assigned to a word in a particular context, such as *fig.* (figurative), *spec.* (specific), or *transf.* (transferred).

(*e*) A *subject* label is employed when the headword is derived from, or used in, a specific discipline or subject area such as *Biol.* (Biology), *Chem.* (Chemistry), *Mus.* (Music), *Law*, as, for example, in the entries for **pericyclic** and *palus*$^{(2)}$ in Fig. 3.

　この記述から、*OED2* では主要なカテゴリーとして、status, region, grammatical, semantic, subject の5つが設定されていることが分かる。
　OED におけるラベル付けの変遷に関しては、'List of Abbreviations, Signs, etc.' のページを比較することで、ある程度のことを知ることができる。*OED1*

では1ページに233項目が収録されているのに対し、*OEDS* では1ページ半に361項目、*OED2* では2ページ半に513項目収録されている。

OED1 から *OEDS* への増加は、英国以外の地域変種と新しい学問分野の語彙が大幅に取り入れられた結果であり、*OEDS* から *OED2* への増加は、引用に使われた書名に関する略号がさらに付け加わったためである。

この 'List of Abbreviations, Signs, etc.' の問題点として次の2点が指摘できる。

1) さまざまなタイプの略号がひとまとめにして掲載されており、変異に関する情報だけを把握することが容易でない。[5]
2) 網羅的でないこと、すなわちリストに挙がっていないものでも本文中に用いられている。たとえば、*derog.* (=derogatory) は *OED2* で初めてリストに挙がったが、*OEDS* の本文中には既に見られる。また、*Law* や *slang* のように略号でないものはリストに含まれていない。

変異に関するラベル全体を見渡して初めて、その辞書の変異に関する基本的な立場が分かると考えるならば、*OED* の変異に関する記述は十分であるとは言えないであろう。

2.4 *MED*

MED において変異がどのように取り扱われているか知ることは、特に詳細な説明がなされている地域方言の場合を除いて困難なようである。*Plan and Bibliography* (1954) の 'Plan and Methods' には、変異の取り扱いに関する明示的な言及も、ラベル付けに関する具体的な説明も見出すことができない。わずかに、次の2つの引用から、テキストタイプやレジスターに関して配慮がなされていることが窺える（1954: 3）。

1) The word is studied with respect to the constructions, the immediate lexical

context and the wider context, and the general setting or the character of the texts in which it occurs.
2) In support of the identification of meanings the following types of quotations are obviously preferred:
...
(4) those exhibiting the expression in a linguistic context or in a specific setting which effectively restricts the meaning, e.g. temporal or modal sphere; to a concrete situation or to the realm of the spirit; to a particular activity or profession; to a social institution, such as government and law, etc.

特に引用 2) から、*MED* ではその豊富な引用例に重要な意味があることが分かる。*Plan and Bibliography*（1954）およびその *Supplement I*（1984）に示される莫大な数の文献は、*MED* の引用がきわめて多様なタイプのテキストから採られていることを示している。特に *OED* では手薄であった、法律・遺言状・訴訟記録・国王への請願・議事録、科学文献やその他の専門的な領域の文献が豊富なことに特徴がある。Kurath の後を継いで *MED* の編集主幹となった Kuhn は「中英語に見られる専門的な語はすべて取り扱うことにした」と述べている（1975: 7）。

MED 刊行開始当時の *Plan and Bibliography* の略号表と、その 30 年後に刊行された *Supplement I* の略号表の比較から、変異に対する関心の高まりを知ることができる。

Supplement I で新たに付け加わったものには次のようなものがある。

①主題・領域に関するもの（18）
arith.（＜arithmetic）, Bibl.（＜Biblical）, geom.（＜geometry, geometrical）, lapid.（＜lapidary）, liturgy.（＜liturgical usage）, math.（＜mathematics, arithmetic, geometry）, med.（＜medicine）, phil.（＜philosophy）, phys.（＜physics）, surg.（＜surgery）, war.（＜warfare, military usage）, etc.
②態度（attitude）に関するもの（2）

euphem.（＜euphemism), iron.（＜ironic, -ally)

残念ながら、この表も *OED* と同じく略号だけの記載であり、変異の扱いに関しては *OED* と同様の問題があると言える。

3. ケーススタディ

以下、Helsinki Corpus の ME4 に含まれるテキストファイルを検索し、特定のテキストタイプにおいて出現が顕著である語彙の中からいくつか取り上げ、*OED, MED* の記述を検討する。

3.1 beloved, well-beloved

Helsinki Corpus における beloved, well-beloved の出現状況は以下の通りである。

- beloved　　　　CMPRIV　　　10　(best＋ 4　well＋ 4)
　　　　　　　　CMCAPCHR　　1
　　　　　　　　CMREYNAR　　1
- well-beloved　CMPRIV　　　 4

CMPRIV（私的書簡）における beloved の出現数が、他に比べて多いことが分かる。10例すべてが定型的な表現（書簡の書き出し、あるいは結び）で用いられている。[6]

　　Right Reverent and Worshipfull and enteirly best *belovyd* Cosyn, I recommende me unto you in the most lowlyest wyse that ...
　　Worshypffull and weell *belovyd* brother, I recomaund me to yow, letyng yow weet tat ...

言語変異と辞書　　　　　　　　　　　　　61

　　To my Ryght well *belovyd* Cosen, Willm. Stonere, esquyer at Stoner tis be delyverd.

また、wellbeloved のように、1 語に綴られた形も 4 例見られた。いずれも定型的な表現で用いられている。

　　Riught interly *whelbelouyd* brother, I recomend me harttely onto you, thankyng you of ...
　　Wnto my riught *whelbelouyd* brother George Cely, merchand ofthe Estapell of Calles be thys dd.

1 つのテキストファイルに複数の書簡が納められ、ファイルのサイズが他に比べてかなり大きいので出現頻度が多くなることは当然予想されることではあるが、定型表現で用いられていること自体がこの語のレジスターを端的に示していると言えよう。

　これらの語について、*OED*, *MED* の記述は以下のようになっている。

・beloved

OED

beloved, *ppl. a.* and *n.*
　A. *ppl. adj.* Loved. (Often *well-*, *best-*, *first-*, etc.)
　1398 TREVISA *Barth. De P.R.* XII. xiii. (1495) 423 Gnattes ben beste bylouyd meete to swalowes. *c*1485 *Digby Myst.* (1882) II. 510 Welbelouyd frendes. 1535 COVERDALE *Song 3 Childr.* 11 For thy beloued Abrahams sake. 1552 *Bk. Com. Prayer*, Dearly beloved brethren, the Scripture moveth us in sundry places. 1591 SHAKES. *Two Gent.* II. ii. 57 How happily he liues, how well belou'd. 1647 W. BROWNE *Polexander* II. 143 The fairest and best belovedst daughter of the Emperour. 1817 COLERIDGE *Sibyl. Leaves* (1862) 243 'Twas even thine, beloved woman mild! 1855 MACAULAY *Hist. Eng.* IV. 1 Impatient to be once more in his beloved country.

MED

bilŏved (ppl.)
Liked, admired; loved, cherished, beloved; **wel ~, beter ~, best ~**; **ivel ~**, disliked; **more ~ to**, preferable to (sb.), preferred by; -- (a) in the pred., often with of, with phrase; (b) before a noun; common in salutations.

　(b) a1375 *WPal.*(KC 13)　1491: A beter bi-loued barn was neuer born in erþe. (c1380) Chaucer

CT.SN.(Manly-Rickert) G.144: O swete and wel biloued spouse deere. (c1384) *WBible(1)* (Dc 369(2)) Mat.3.17: This is my byloued sone. (?1438) *Let.Ferrers* in *WANHSM 18* (Lngl 3) 12: My dere and well beloved sun, I grete you well. (1449) in Willis & C.*Cambridge 2* 9: It is shewed unto us by our welbeloved, the President and Felowes of the College of saint Margarete and saint Bernard in our universite of Cambrigge which is of the foundation of our moost dere and best beloved wyfe, the Quene. (1472-3) *RParl.* 6.16a: His entierly beloved Uncle. a1500(c1370) Chaucer *Comp.L.*(Benson-Robinson) 59: My dere herte and best beloved fo, Why lyketh yow to do me al this wo? a1500(a1415) Mirk *Fest.*(GoughETop 4) 51/16: Þis ys my dere belouet sonne þat well plesyth me.

　OED の記述は非常に「そっけない」印象を与える。「しばしば前に well, best, first などが付く」という注記はあるものの、書簡からの引用例が見られず、書簡で多く用いられるという事実を反映していない。

　MED は (b) で 'common in salutations' と注記しておきながらその例が少ない。また書簡からの例も少ない。

・well-beloved

OED

well-be'loved, *ppl. a.* and *n.*
　A. *ppl. adj.*
　2. In letters, decrees, etc., of a sovereign or lord, prefixed to the names or designations of the persons addressed or referred to. Usually '(right) trusty and well-beloved'; cf. TRUSTY *a.* 2. Also *absol.* (with omission of n.), and † (*Sc.*) with plural ending.
　1423 *Rolls of Parlt.* IV. 248/2 Ryght worshipfull and worshipfull Faders in God, oure ryght trusty and welebeloved. **1443** HEN. VI in Ellis *Orig. Lett.* Ser. III. I. 79 Our right trusty and right welbelouyd Cousin Therl of Suffolk. *c*1450 *Godstow Reg.* 603 Our welbeloued in crist the Abbesse and Covent of Godestow. **1516** *Reg. Privy Seal Scot.* I. 423/2 Our welebelovit knycht and counsalour William Scot of Balwery. **1524** HEN. VIII in Ellis *Orig. Lett.* Ser. I. I. 239 Trusty and welbiloved we grete you wele. **1544** in Rymer *Foedera* (1719) XV. 19 Oure Welebelovittis Hew Cunnygahame, and Thomas Bischop. **1648** *Hamilton Papers* (Camden) 241 Our right trustie and right wellbeloued cousin the Earle of Lauderdaill. **1803** in *Nairne Peerage Evid.* (1874) 111 Our right trusty and welbeloved George Keith baron Keith of Stone Haven. **1814** SCOTT *Let.* in *Lockhart* (1837) III. x. 311 He would tell you of my departure with our trusty and well-beloved Erskine. **1884** *Rep. Comm. Housing Working Classes* Pref. 3 Victoria [etc.]. To Our right trusty and well-beloved Councillor Sir C. W. Dilke. **1924** *Burke's Peerage* 2 Barons are..addressed officially by the Crown, 'Our Right trusty and well-beloved'. *Ibid.* 3 A Viscount..is officially addressed by the Crown as 'Our right trusty and well-beloved Cousin'.

MED

wel-bilŏved (ppl.)
(a) Generally loved or esteemed, popular; also, respected, admired; (b) dearly loved, cherished, precious; also, benign [last quot.]; (c) in salutations: dear; also used as conventional epithet, with weakened semantic content, in charters, indentures, etc.; (d) as noun: a dear friend; loved ones; also in salutations; (e) as surname.

(c)?a1425 *Orch.Syon* (Hrl 3432) 218/30: O ri3t dere, o ri3t swete, o ri3t welbiloued dou3tir and spouse, lifte up þisilf aboue þisilf. (1442) *Visit.Alnwick* 230a: Wyllyam, by the grace of God bysshop of Lincolne, to our wele belufed doghters in God the priouresse and the couent of the priorye of Seynt Trynytee. (1443) *Let.*in Ellis *Orig.Let.ser.3.1* 79: We sent our right trusty and right welbelouyd Cousin Therl of Suffolk ... to our Reaume of Fraunce. (1449) *Will York* in *Sur.Soc.30* 156: I ... charge my ... feffes that ... noon of theym ... distroble the title ... of my welbeloved servannt Richard Tikhill ... of the annuite of xl s. (1450) *Paston* (Gairdner) 2.194: Ryght trusty and welbelevyd [read: welbelovyd] servaunt, I grete you well. (1450) *RParl.* 5.189a: The seide Petition ... shall not extende to the prejudice of oure right welbelovyd servaùnt William Rous, oon of oure Clerkis. (1458) *Let.Sou.*in *Sou.RS 22* (Sou SC.2/9/2) 17: My right trusti and hertli welbelouyd ffrendes, I co[m]maund me vnto you. (?a1460) *Paston* 2.96: Trusty and weelbelovyd cosyn, I comaunde me to yow. (1474) in *Rymer's Foedera (1709-10)* 11.819: This Indenture Made between the King ... and his Trusty and Welbeloed [read: Welbeloved] Richard Garnet Squyer, Serjant of his Tents. a1475 *Godstow Reg.*(Rwl B.408) 281/16: Richard, Erle of Cornewaile, graunted that his welbeloved and trew Petir of Esrugge myght yeve to a hous of religeon ... all the lond that he bought of William Bagot. a1500 *Nicod.(4)* (Hrl 149) 89: They made a lettyr ... yn the maner þat foloweth: Worschypful and welbelouyd Joseph of Aramathye, [etc.]. a1500 *3rd Fran.Rule* (Seton) 47/7: Nicholas Busshoppe seruaunt of the seruauntes of god To oure welbelouid sonnes the bretherne, and to oure welbelouid doughters in criste the susters of the order of the brethren of penaunce.

OED では 'In letters, decrees, etc.' という注記が見られる。これはレジスター表示のためにしばしば用いられる手段である。この注記を裏付ける引用例も多く、beloved の項に比べてはるかに実態を反映した記述になっている。

MED についても同様のことが言える。*MED* では (c) で 'in salutations' という注記に加えて、'also used as conventional epithet, with weakened semantic content' と述べられている。well-beloved を含む分冊は比較的最近の刊行 (2000) であり、近年の英語史研究の動向が反映された と結果と思われる。

3.2 worshipful

worshipful は、Helsinki Corpus の ME4 に含まれる 34 のテキストファイル

のうち、11 のファイルに出現しているが、用法を呼びかけに限った場合、出現するテキストファイルは、CMPRIV、CMOFFIC4(公的書簡)、CMMANKIN (*Mankind* からの抜粋)の 3 つに限られる。それぞれのファイルにおける出現状況は以下の通りである(「呼びかけ」の頻度数/総頻度数)。

    CMPRIV   14/16
    CMOFFIC4 2/3
    CMMANKIN 3/6

(well-) beloved の場合と同じく、書簡の書き出し、結びでしばしば用いられることが分かる。次にその例を示す。

 My ryghte worthy and *worshepeful* lord, I recomaunde me to yow. (CMOFFIC4)
 To my Right *Worshipfull* Cosyn, Willm. Stonor, squiere, this be delyvered. (CMPRIV)

次に *Mankind* における呼びかけの例を 1 例挙げておく。

 I prey yow hertyly, *worschyppull* clerke,
 To haue tis Englysch mad in Laten:

次に *OED, MED* の記述を検討する。

OED

worshipful, *a. (n., adv.)*
3. a. As an honorific title for persons or bodies of distinguished rank or importance: formerly used very widely, but now restricted to the livery companies and freemasons' lodges and their masters. ***right worshipful*** is applied to mayors.

 b. Used in forms of address, as ***worshipful sir***, ***(right) worshipful master***, etc.
 1425 *Paston Lett.* I. 19 Right worthy and worshepefull Sir, I recoumaunde me to yow, [etc.]. **1440**

Corr. etc. *Coldingham Priory* (Surtees) 114 Wirshipfull sir I comend me to Šowe. *c*1440 MARG. PASTON in *P. Lett.* I. 42 Ryth reverent and worsepful husbon. *c*1455 BEKYNTON *Corr.* (Rolls) II. 342 [To Henry, Duke of Somerset, begins] High mighti Prince and my right worshipful and good lord. **1473** *Paston Lett.* Suppl. (1901) 144 Ryght wyrshypfull and my ryght tendre modre, I recommaunde me to yow. **1542** UDALL in *Lett. Lit. Men* (Camden) 2 Right worshipfull and my singlar good Maister. *a*1592 GREENE *Alcida* (1617) Ded. A3, To the Right Worshipfull, Sir Charles Blount, Knight. *Ibid.*, So (right worshipfull) after your returne from the Low Countries, [etc.]. **1681** OTWAY *Soldier's Fort.* III. i, Her Ladyship, Right-worshipful, is pleas'd not to be at home. **1768** *Complete Letter-Writer* (ed. 12) 48 Justices of the Peace, and Mayors, are stiled Right Worshipful. **1818** SCOTT *Rob Roy* ix, 'Thanks, most worshipful,' returned Miss Vernon. **1843** LYTTON *Last Bar.* I. i, It shall not be my fault if I do not, though but a humble headman to your worshipful Mastership, help to make them so. **1861** *Dict. Daily Wants* s.v. *Addresses*, The Mayors of all Corporations, with the Sheriffs, Aldermen, and Recorder of London, are styled *Right Worshipful*; and the Aldermen and Recorder of other Corporations, as well as Justices of the Peace, *Worshipful*. **1906** *Complete Letter-writer* 21 A Mayor is addressed as The Worshipful the Mayor of—; in a few cities as 'Right Worshipful'.

MED

worshipful (adj.)
6. (a) Of high rank or office; also, highborn, of noble stock; also, as noun: a superior in office [quot. a1475]; **o worshipfullere**, one who is of higher rank; (b) as an honorific or a respectful epithet for a city, one's social superior, an official, a spouse, etc.; -- freq. in salutations of letters, petitions, etc.; also used *iron.*; also, as noun in salutations: good sir; **righte** ~, right honorable sir; (c) used in formal address to a high cleric or to royalty; ~ **bede**, the Venerable Bede.

OED, *MED* ともに、呼びかけの用法を「高い地位にある人物に対する敬意」の下位区分として扱っている。*OED*(3.b) では 15 世紀の書簡からの例が集中しており、あたかも引用例の数でもってこの語のレジスターを示そうとしているかのようである。これに対し *MED* は 6.(b) において 'freq. in salutations of letters, petitions, etc.' と述べ、書簡で頻繁に用いられることを明示し、さらに多数の引用例でそれを裏づけている。[7]

3.3 arbitrament

「決定・裁定を下す権威、権威者による決定・裁定」を意味する arbitrament は、Helsinki Corpus では CMOFFIC4 のファイルだけに 7 例見られる。1 例を示す。

...supposyng tat te seyd Walter wold have holde and parfourmyd te seyd ordinaunce, arbitrement, and award.

OED, MED において arbitrament の項は以下のようになっている。[8]

OED

arbitrament, -ement

†**1.** The right or capacity to decide for oneself; freedom of the will, free choice, pleasure. *Obs.*
c1400 *Test. Loue* III. (R.) Euery man hath free arbitrement to choose good or yuel to perform. 1548 GESTE *Pr. Masse* 136 If we moughte order Christes supper after our arbitrement. 1667 MILTON *P.L.* VIII. 641 To stand or fall Free in thine own Arbitrement it lies. 1810 COLERIDGE *Friend* I. xv. (1867) 65 The oldness of my topics, evil and good, necessity and arbitrement.

2. The power to decide for others; absolute decision, direction, or control. *Obs.* (exc. as it approaches 3b.)

3. The deciding of a dispute by an authority to whom the conflicting parties agree to refer their claims in order to their equitable settlement.

b. *fig.* and *transf.*

4. The sentence pronounced by an arbitrator, or by one deciding authoritatively; decision; sentence accepted as authoritative.

MED

arbitrement (n.)
1. *Law.* (a) Authority or power to make binding judicial decisions, jurisdiction; (b) a legally binding decision, verdict; **stonden to (at) the ~, abiden (stonden) ~**, abide by the verdict.

2. The 'faculty' of judgment; **fre ~**, free choice or will; **propre ~**, one's own judgment.
?a1475(?a1425) *Higd.(2)* (Hrl 2261) 3.463: Sithe God hathe 3iffen the vse of thynges to be discernede to the arbitrement and wille of man. a1500 *Imit.Chr.*(Dub 678) 123/15: In euery iugement recourse owiþ to be had to me, & not to leyne to propre arbitrement. 1532 rev.(c1385) Usk *TL* (Thynne:Skeat) 111/8: If thou thinke that goddes prescience repugne liberte of arbitrement, it is impossible that they shulde accorde in onheed of sothe to understonding. 1532 rev.(c1385) Usk *TL* (Thynne:Skeat) 124/2: Every man hath free arbitrement of thinges in his power, to do or undo what him lyketh. 1532 rev.(c1385) Usk *TL* (Thynne:Skeat) 141/135: Libertee of arbitrement, that is, free wil.

OED におけるこの語の意味の展開は次の通りである。

1) 自分自身のために決定する権利・資格
2) 他人のために決定する力
3) 権威者による論争の決着
4) 権威者による裁定

　決定者は、まず「自分」であり、続いて「他者（不特定の人）」となり、さらにそれが特殊化されて「権威者よる決定」と捉えられている。一方 *MED* は、まず *Law* というラベルを与え、専門的な語として認定していることが分かる。

　OED の意味記述は、基本的に編纂当時利用可能であった資料に基づく「歴史的原理」によるものと考えてよいであろう。これに対して *MED* の語義配列は、特定のレジスターで用いられる意味から、一般的な意味への「拡張」に基づくと考えられそうであるが、第 2 の語義を裏づける用例の出典が限られている点に不安が残る。ここに時代を限定した 'period dictionary' である *MED* の限界が現れていると言えそうである。しかし、*OED* に見られる 1500 年以降の例や、その後の語義の展開から考えて、「拡張」という考え方は妥当であると思われる。

　OED で第 1 の語義の初出例とされた *Testament of Love* は、写本の形では残っていない。現存する最古のものは、Thynne による印刷本（1532 年）である。*MED* は引用に用いた写本〔テキスト〕の年代に基づいて用例を配列する方針を採っているため、*OED* と *MED* で語義記述にこのような違いが生じたと考えられる。近年の、写本を重視する考え方からすれば、*MED* のこの方針は妥当なことと思われるが、*OED* と *MED* の比較という観点からは興味深い事例と言えるであろう。もっとも、第 2 の意味のもっと早い例が見つかれば、*MED* のこの語義記述は当然、根本的に見直されなければならなくなるであろう。

　ここで、*MED* におけるラベル表示について見ておきたい。Kuhn (1975: 9) は、「*MED* において専門的な (technical) 語・用法にラベルがつけられるの

は、それが真に専門的に用いられる場合に限られる」と述べている。

このことに関連して注目したいのは、arbitrament と頻繁に共起する award, ordinance という2つの語が *MED* においてどのように扱われているかである。

中英語においては、類似した意味を持つ語を繰り返すことがよく行われる。特にその本来的な性質からして、曖昧さが生じることを避けなければならない法律やそれに類する公的な文書では、特にその傾向が顕著である。よく似た意味を持つと考えられる arbitrament, award, ordinance であるが、*MED* からその違いを読み取ることは可能であろうか。

MED

award (n.)

(a) A judicial decision, judgment, verdict, sentence; **don ~, maken ~, yeven ~**, to render a decision, pronounce judgment; **abiden ~, holden ~, stonden to ~**, to accept a decision; (b) the authority to decide a question or make an award; (c) custody, keeping, care.

(a) (c1390) Chaucer *CT.Pars.*(Manly-Rickert) I.483: The ferthe is to stonde gladly to the award of hise souereyns. c1400 *Brut-1333* (Rwl B.171) 130/3: Þe erles..drowen ham al togeder forto done þis award. (1428) *Doc.in Sur.Soc.85* 3: John Lyllyng suld fynd seurte..yat he suld abyde thaward of ye Mayr an ye Counseyll..And als for a parcell of yair jugement and yair awarde at yat tyme, yai charged ye sayd John Lyllyng [etc.]. (1433) *RParl.* 4.458a: To abide th'award, ordinaunce, and jugement of the said Erle. (c1443) *Contract* in *OSSLH 4* 195: So that awarde made be hem in that partye shulde be wretyn and inseelled. (a1454) *Deed Yks.*in *YASRS 65* 124: The sayd howmpers gafe award, that the sayd Bryan suld pay hys rente. (?1463) *Stonor* 1.62: The Award of Devonshir is not such as I wold it wer. (?1466) *Stonor* 1.73: Ther was award made..and in that award, among othyr thynggis..Richard shuld relese all manere of accion personall. (1473) *Paston* 5.199: I trust..thatt the ij Dukes of Clarans and Glowcester shall be sette att one by the adward off the Kyng. a1500(?c1450) *Merlin* (Cmb Ff.3.11) 96: All the lordes were sworne..to holde the awarde of holy cherche, in that god wolde hem shewen.

(b) (1440) *Doc.*in Morsbach *Origurk.* 23: The particion of ye saydes manerz..is put in award and ordenaunce and jugement of john Thwaytes. a1500(c1450) *Let.Marg.Anjou* in *Camd.86* (Add 46846) 123: That certein matiers..betwix oure tenants..and oon Nicholas Browne..by put in ordinance, award, and arbitrement of yow and of your counseil.

(c) (a1438) *MKempe A* (Add 61823) 112/23: Þan þe jayler toke hir in-to hys a-warde & led hyr hom in-to hys owyn hows. a1450(c1410) Lovel. *Grail* (Corp-C 80) 19.202: Him & his londis bothe, they hadde In here Award. a1450(c1410) Lovel. *Grail* (Corp-C 80) 23.150: Loke thow..Of these 3iftes that thow take good Award. a1450 *Castle Persev.*(Folg V.a.354) 1086: Myn hert holy to þee I take, Into þyn owyn award.

MED s. v. **ordinaunce**[9] (n.)
1. (a) order, regulated condition; spatial order, proper arrangement
   (b) ordering, arranging
   (c) order or arrangement of chapters, a subject; plan of a book
   (d) ?an arrangement of lines, ?an embroidered pattern
2. (a) order of a battle; battle array; tactical disposition of troops
   (b) a force in battle array
   (c) *fig.* the opening configuration of a player's pieces in a game of chess
3. (a) ruling, governing; regulating; rule, government; management, guidance; authority;
   (b) a command, commandment, decree; requirement; ?also, commandments
   (c) a statute, law; regulation; binding agreement; also, regulations; articles of a guild
4. A judgement; decision of an arbitrator

まず気づくことは、award, ordinance には、arbitrament に見られた *Law* というラベル表示がないことである。語義の配列からも明らかなように、ordinance の場合は一般的な語が特殊な文脈で使われていることが分かる。これに対し、award の場合はやや微妙なところがある。引用例から判断する限り、いずれも「権威者による裁定」という意味に変わりはないようであるが、初期の例が、法律や公的文書とは異なるタイプのテキストに見られることから、*Law* というラベルが付かなかったと判断される。

ただし、*MED* におけるラベル付けは必ずしも厳密とは言えないようである。たとえば、「領土 (封土) 授与」を意味する feoffment は、Helsinki Corpus ではもっぱら法律文書に出現し、*OED* では *Law* というラベルが付いている。ところが、*MED* の引用の出典は公的文書類に限られているにも関わら

ず、*Law* というラベルが付いていない。

4. まとめ

　以上、コーパスを検索してある語のレジスターに関して顕著な特徴が見られた場合、それは可能な限り辞書の記述に反映されるべきであるという、コンピュータコーパスをベースにした現代英語の辞書編纂では当たり前になっている考え方が、中英語を対象にした場合にもある程度までは適用できるのではないかという立場から、*OED, MED* の記述を検討してきた。ごくわずかな事例を見ただけなので、印象程度のことでしかないが、*OED, MED* ともにそれなりの工夫は見られるものの、その記述は決して精密とは言えないようである。現代英語と異なり、古い英語の場合はレジスターの認定、ラベル付けが困難なことが多いが、この種の情報はできる限り辞書に盛り込んで欲しいものである。今後の改訂でどのようになるか、興味深いところである。

注

*　本稿は、日本英文学会第70回大会シンポジウム「中英語テクストを読む―辞書はどこまで役立つか」(1998年5月23日　京都大学　司会　三浦常司教授)で口頭発表した原稿に加筆修正を施したものである。

(1) Görlach (1995c: 143) による「変種」の定義の詳細は次の通りである（[　]内は辞書に示されるラベルの例として Görlach が示すものの一部）。

  A.　Dialects: according to users
    acquisition and functional status
    regional dialect [AmE, IndE, RP]
    social dialect   [cant, slang, techn, U, non-U]
    period language [archaic, dated, now rare, obsolesce, neolog]
  B.　Registers: according to uses
    medium (mode) [spoken, written]

言語変異と辞書   71

　　　　　subject matter (field)　　[med., chem., ling., law]
　　　　　text type, genre
　　　　　status (tenor)　　　　　　[colloq., formal, informal]
　　　　　mode, modality
　　　　　attitude　　　　　　　　　[derog., euphem., pompous, taboo]
(2) 紙数の関係で、Kytö (1996³) 3.3.4 (11) の表を簡略化したものを掲げる。
(3) Helsinki Corpus は中英語期を ME1 (1150-1250), ME2 (1250-1350), ME3 (1350-1420), ME4 (1420-1500) の4つに区分している。
(4) *OED* に関する略号は以下の通り。
　　OED1　*Oxford English Dictionary* 1st ed. (1933)
　　OEDS　*Oxford English Dictionary Supplements* (1972-86)
　　OED2　*Oxford English Dictionary* 2nd ed. (1989)
(5) このことは Oxford 系の辞書の特徴と言えるかもしれない。
(6) 他の2つのファイル、すなわち CMCAPCHR (Capgrave's *Chronicle*)、CMREYNAR (Caxton's *Reynard the Fox*) に見られる例は以下の通り。

　　　and considering who euel-*beloued* þe kyng was of his lychmen ... (CMCAPCHR)
　　　he ... said welcome my best *beloued* neuew that I knowe in al my kynrede (CMREYNAR)

(7) 紙数の関係で引用例は省略する。
(8) 紙数の関係で関連する箇所のみ引用する。
(9) 紙数の関係で語義のみ示し、成句、引用例は省略する。

参考文献

Berg, D. L. 1993. *A Guide to the Oxford English Dictionary*. Oxford: Oxford University Press.
Burnley, D. 1983. *A Guide to Chaucer's Language*. London: Macmillan.
Görlach, M. 1995a. *New Studies in the History of English*. Anglistische Forschungen 232. Heidelberg: C. Winter.
――――. 1995b. "English historical linguistics today". In Görlach 1995a, 1-19.
――――. 1995c. "Text-types and language history". In Görlach 1995c, 141-78.
Kuhn, S. M. 1975. "On the making of the Middle English Dictionary", *Poetica* 4: 1-23.

Kurath, H. *et al.* (eds.) 1954-2001. *Middle English Dictionary*. Ann Arbor: University of Michigan Press.

Kytö, M. 1996³. *Manual to the Diachronic Part of the Helsinki Corpus of English Texts*. Helsinki: Department of English, University of Helsinki.

Lester, G. A. 1996. *The Language of Old and Middle English Poetry*. London: Macmillan.

Machan, T. W. and C. T. Scott eds. 1992. *English in Its Social Contexts: Essays in Historical Sociolinguistics.* New York: Oxford University Press.

Scott, C. T. and T. W. Machan. 1992. "Introduction: sociolinguistics, language change, and the history of English". In Machan and Scott eds. 1992, 3-27.

'The Prioress's Tale' における聖母崇敬と反ユダヤ性
―― *l.* 564 の読みを中心に

田　尻　雅　士

1. 'The Prioress's Tale' line 564

　Geoffrey Chaucer の *The Canterbury Tales* 中、'The Prioress's Tale' はその短さにもかかわらず、様々な解釈が試みられてきた。しかし、この作品の 564 行目の読みに関しては、編者たちが簡単なコメントを加えることはあっても、本格的に論じられたことはあまりないように思われる。当該の行を含むスタンザを引用する。[1]

> Oure firste foo, the serpent Sathanas,
> That hath in Jues herte his waspes nest,
> Up swal, and seide, "O Hebrayk peple, allas!　　　　560
> Is this to yow a thyng that is honest,
> That swich a boy shal walken as hym lest
> In youre despit, and synge of swich sentence,
> Which is agayn youre lawes reuerence?"　　（下線引用者）

サタンがユダヤ人たちに、聖母を讃える頌歌を歌うキリスト教徒の少年を殺害するよう、唆すくだりである。
　問題の 564 行目は、『カンタベリー物語』の初期の良質の写本である Hengwrt 写本（Aberystwyth, National Library of Wales, Peniarth 392D; 以下 Hg）と Ellesmere 写本（San Marino, California, Huntington Library, El. 26. C. 9; 以下 El）では、'...oure lawes reuerence' となっている。[2] 両写本ともチョーサーの自筆ではないが、15 世紀の初頭におそらく同一の写字生によって

書かれたとされる。(ちなみに、この写字生の素性が最近明らかになったようである。) Hg の方が 10 年程早く、最近ではチョーサーの本文をよりよく反映しているのはこちらの写本であるという説もある。Hg と El は案外違った読みを採っている場合も多いのであるが、この 'oure' は一致しており、チョーサーが実際にそう書いた可能性が極めて高いと思われる。だが 'oure' が 'youre' の variant form である可能性はないであろうか。確かに *OED*, *MED* を見ても 'oure' が 'your' の中英語期の異形として挙がっている。しかし、Hg および El の spelling に関して言うならば、'oure' が 'youre' のつもりで書かれた可能性は低いであろう。さらに、チョーサーの単なる書き損じという可能性も指摘しうる。事実、以下に見る諸版本の emendation はそう考えた結果かもしれない。しかし、その考えに基づくと筆者の議論ははじめから無効化されてしまう。筆者には、Hg, El 両方に記録された読みは、まずはチョーサーの本文を反映していると考える方が自然と思われる。言い換えれば、詩人は、サタンとユダヤ人を同類とする言説を女子修道院長、Madame Eglentyne に語らせているのである。

　Hg, El 以外の写本の読みはどうであろうか。「女子修道院長の話」は Hg, El を含む 84 の写本で伝わるが、J.M. Manly & Edith Rickert, eds. の版本によれば、少なくとも 50 以上の写本では 'our(e)' であり、'your(e)' となっているのは 30 写本程度のようである。しかし、版本の読みでは意外にも 'your(e)' が採られている場合が多いのである。先に引用した最近の最も権威ある版本も例外ではない。以下に、Caxton 以降の主要な版本がどちらを採用しているかを一覧にした。身辺で入手できるものだけを利用したので遺漏はお許しいただきたい。ただし、Skeat 以降は重要なものはほぼ網羅していると思う。刊行順に編者の名と刊行年を提示し、Hg, El を底本としている場合はその旨を記した。Robinson 1, Robinson 2 などとなっているのは、それがそれぞれ初版、第 2 版であることを示す。

　　'our(e)':　　Caxton 1 (1478), Caxton 2 (1484), Tyrwhitt (1775), Manly & Rickert

(1940; 底本 Hg), Donaldson 1 (1958; 底本 Hg), Pratt (1974; 底本 El), Donaldson 2 (1975; 底本 Hg), Blake (1980; 底本 Hg), Boyd (1987; 底本 Hg)

'your(e)': Thynne (1532), Urry (1721), Wright (1847), Morris (1866), Pollard (1894), Ellis (1896), Skeat 2 (1899-1900; 底本 El), Robinson 1 (1933; 底本 El), Robinson 2 (1957; 底本 El), Baugh (1963; 底本 El), Fisher 1 (1977; 底本 El), Benson (1988; 底本 El), Fisher 2 (1989; 底本 El)

ここで、いくつかの版本の読みの特徴、あるいは読みについての注釈を時代順に見てみたい。まず、564行目で 'our' を採っている Caxton 1, 2 で 561行目が 'Is this a thing that is to vs honest'、Caxton 1 では 563行目も 'our' となっているのが目を引く。(一方、Caxton 2 の 563行目は 'In your despyte...' であり、首尾一貫していない印象を与える。) Caxton 1 は Hg, El に支持されていない読みであり、Boyd はこのような読みを scribal editing か scribal error であろうとしているが (p. 142)、564行目の Hg, El の読みとともに、当時のユダヤ人観を示していると言えるかもしれない。それ以降の版ではしばらく特記すべきことはないが、時代が下って、'youre' を採る Robinson 1 は textual notes で 'oure' を 'perhaps correctly' (p. 1012) としている。'oure' を採る Manly & Rickert は、critical notes の中で、テクスト的には 'oure' に信を置きながらも、'Whether Chaucer intentionally causes the serpent Sathanas to speak as one of "Hebraik peple" is questionable, although he says that the serpent has "in Jewes herte his waspes nest"' (vol. iv, p. 498) と述べている。'youre' を採る Robinson 2 は textual notes では Robinson 1 を踏襲しながら (p. 895)、explanatory notes ではさらに踏み込んで、'There is strong manuscript support for *oure lawes*, and Chaucer may have intended to make Satan identify himself with the Jews' (p. 735) とまで述べている。Boyd の variorum edition は 'oure' を採っており、footnotes の中で 'The reading *youre* probably was induced by the appearance of *youre* in the preceding line' (p. 143) と述べ、564行目の 'oure' の読みを間接的な表現ながら擁護している。Benson は

'youre' を採っているが、textual notes には 'oure' について 'perhaps correctly' の文言はなく（p. 1131）、explanatory notes において、'In several MSS *oure lawes*, contrasting the law of Satan and the Jews with that of Christians'（p. 915）と述べるのみで、'oure' の読みに関しては親版である Robinson 1, 2 より消極的になった感がある。

　ここで、Hg を底本にしている版本と、El を底本にしている版本とで、564 行目の取り扱いにかなり違いがあることに注意したい。Hg を底本にしている版本は、底本に忠実に 'oure' を採っている傾向があるが、El を底本にしている版本は、あっさり 'youre' に修正していることが多いのである。Fisher 1, 2 などはかなり El に忠実な版本である印象を受けるが、'youre' を採っている。後者で例外的なのは Pratt のみであり、彼の版本は El を底本にしながらも、かなり Hg の読みを受け入れていることが確認されている。以上のことは、版本がチョーサーの、あるいは中世人の対ユダヤ人意識を踏まえて読みを選択しているのでは必ずしもないことを示しているのかもしれない。要するに Hg を底本とする版本は、Blake に代表されるように、best text editing を採用しているのであり、El を底本とする版本はいわば eclectic editing に拠っているということなのである。[3] そして、El を底本とする版本で 'youre' を採用している第一の理由は、このスタンザはあくまでもサタンからユダヤ人への呼びかけであり、先行行との一貫性を考えるならば 'yow/youre' で通した方がすっきりするということなのであろう。しかし、この箇所で eclectic editing をするにあたっては、後述するように他の理由も考えられなくはないだろうか。

2. 聖母奇蹟譚と反ユダヤ性

　Edward I の治下、1290 年にユダヤ人は英国を追放された。それまでにもかなり悪質なユダヤ人迫害が存在していた。その最たるものは 'ritual murder accusation' すなわち「儀式殺人告発」であろう。ユダヤ人たちが、キリスト

の受難を冒瀆する儀式に使うためにキリスト教徒の幼児を誘拐し、磔刑などの手段で彼らを亡き者にするという、根拠のない誣告である。これらの「犠牲者」として名高い少年聖者には12世紀中葉のWilliam of Norwichや、「女子修道院長の話」の最後にも触れられている、13世紀中葉のHugh of Lincolnらが知られている—

> O yonge Hugh of Lyncoln, slayn also
> With cursed Jewes, as it is notable,   685
> For it is but a litel while ago,
> Preye eek for us, we synful folk unstable,
> That of his mercy God so merciable
> On us his grete mercy multiplie,
> For reverence of his mooder Marie. Amen[4]   690

　一方で、ユダヤ人は職業選択の自由が制約されていたので、キリスト教徒には禁じられていた金融業に従事する者もいた。財を成したユダヤ人は国王や領主に様々な名目で金を納めることを義務づけられ、その見返りとして一定の保護を受けることもあった。これに対してキリスト教徒の都市民が反感を持った様子は、舞台こそアジアとなっているが、「女子修道院長の話」の冒頭のスタンザでも語られている。この文脈の中で、ユダヤ人が悪魔や反キリストと同類視、もしくは同一視されても不思議ではなかった。Richard Kenneth Emmersonは、反キリストがユダヤ人を両親として生まれ、ユダヤ人たちが反キリストを支持していると中世後期のイングランドやヨーロッパ大陸で信じられていた様子を詳述している。佐藤唯行の報告によると、Essex州の1277年の御料林判事訴訟記録簿の余白に、同州Colchesterのユダヤ人Aaronの似顔絵が描かれており、その頭上に'Aaron fil Diaboli'—悪魔の息子エアロン—と記されているという。これはおそらく法廷の書記官が描いたもので、「悪魔としてのユダヤ人」をイメージした英国最古の戯画であるという (pp. 92-93)。これはユダヤ人追放以前のことであるが、彼らが1290年に英国を追

放され、実際のユダヤ人を目にすることがなくなったとき、迫害者のユダヤ人に対する敵対的妄想はある意味で一層強まり、それが固定化していったとも考えられるのではないだろうか。

　事程左様に蔑視されていたと考えられるユダヤ人であるが、実はキリスト教徒とユダヤ人の間には一定の友愛関係が存在した場合もあり、教会もある程度まではユダヤ人を保護していたという事例もあることが指摘されている。例えば Richard Rex はそのような事例を枚挙の暇もないほど挙げている（第1章、第4章）。いちいち列挙するには紙幅が足りないが、ユダヤ人に好意的もしくは同情的であったと確認できる当時の英国の知識人として、William Langland, John Gower, Lollard 派、その他正統のキリスト教聖職者たちがいたという。[5]

　どちらが有力な考えであるかは筆者には即断しかねるが、どちらも証拠があるのであるから、両方の側面があったのであろう。ただ、その探究ぶりには敬意を表するに吝かではないのだが、Rex は瑣末な事例を掘り出してきているきらいも無くはない。多くの一般大衆のユダヤ人観は決して好意的なものとは言えなかったのではないだろうか。その一端が窺える根拠として、聖母奇蹟譚の反ユダヤ性が挙げられる。中世後期の聖母崇敬熱は一般庶民の中に根強く定着していた。各地の聖母に捧げられた礼拝堂は善男善女で賑わっていた。その礼拝堂は「貧者の聖書」ともいうべきステンドグラスや壁画、ボス（天井浮出し飾り）で溢れており、そのかなりの部分は聖母の奇蹟をモチーフにしたものであった。文盲の多かった一般庶民が聖母奇蹟譚を読んだということは考えにくいけれども、それらが説教や口承を通じて人口に膾炙していたことは想像に難くない。そのような聖母奇蹟譚には反ユダヤ的要素が少なからず見受けられる。

　代表的なものを挙げると、Vernon 写本に収められた三つの Marian miracles がある（Beverly Boyd, ed. に拠る。ただし、前出の variorum edition とは別物）。その一つ、'The Child Slain by Jews' は、Carleton Brown によれば「女子修道院長の話」に極めて近似した類話である。違う点といえば、舞台が

パリになっていること、少年が歌の名手として一家を養っていること、結末部分でユダヤ人は裁きを受けるが処刑の様子は描かれていない、といったところである。もう一つの作品、'The Jewish Boy'は次のような梗概である。ユダヤ人の少年がキリスト教徒の友達と交わり、イースターの時に聖体拝領を受ける。それを聞いて怒った少年の父が、息子を炉の中に投げ入れる。しかし、母の尽力で少年が投げ込まれた炉が開けられると、彼は聖母とイエスに守られて無事なままであった。ユダヤ人たちは改宗し、父親は炉に投げ込まれて処刑される。第3の作品、'The Merchant's Surety'は次のようなもの。コンスタンチノープルのTheodorusという商人が貧窮し、知人のユダヤ人Abrahamに借金を願う。担保を要求するAbrahamにTheodorusは教会のマリア像を担保に融資してもらう。Theodorusはアレクサンドリアで金を儲けるが、返済の日が来てしまう。金貨を小箱に入れて、聖母に託して海に流して返そうとする。小箱は無事Abrahamに渡るが、彼はそ知らぬふりをして、帰ってきたTheodorusに「未返済だ」と迫る。二人が教会に行くと、マリア像は返済がなされたことを証言する。Abrahamは恥じ入り、キリスト教に改宗する。いずれもユダヤ人に非があることになっているが、はじめに紹介した「女子修道院長の話」の類話では残酷な処刑場面は描かれていない。第2話、第3話では、第2話の父が処刑されるものの、他のユダヤ人はキリスト教に改宗する。その意味で「女子修道院長の話」より救いはあるが、換言すれば、改宗したユダヤ人のみが救われるという強いメッセージでもある。

　なぜ、聖母とユダヤ人は敵対する者同士として描かれるようになったのであろうか。まず第一に、「女子修道院長の話」の母親同様、マリアは息子を殺される。犯人はユダヤ人である。いわゆる「神殺し」としてのユダヤ人である。いかに慈しみ深いマリアと雖も、彼らに憎しみを覚えたのは当然であろう。(ただ、マリアとイエスもユダヤ人であったということは、この文脈では忘れられるか無視されるのであるが。)次に、教義上の問題が絡むが、聖母とユダヤ人は敵対しあうカウンターパートなのである。Brenda Deen Schildgenも指摘しているように、聖母が神と人間との仲介者の役割を付与されていた

ことはよく知られているが、中世のキリスト教的観点では、ユダヤ人もまた悪魔と他の人間の仲介者と考えられたのである (pp. 104-05)。かくして「女子修道院長の話」の話でも、聖母は少年を神の許に届けようと尽力し、悪魔はユダヤ人を「手先」として人間界（キリスト教世界）に介入してくるのである。ユダヤ人は聖母を憎悪していると考えられ、Robert Worth Frank, Jr. の報告によると、彼女の死に際しては、ユダヤ人たちがその葬列を襲撃したという経外典的伝承もあった (p. 182)。以上見てきたように、聖母奇蹟譚としての「女子修道院長の話」が反ユダヤ的色彩を帯びることは当時の宗教的、社会的コンテクストでは奇異なことではないのであり、1. で筆者が主張した564 行目の読みも―これはさらに再考するが―無理はないと思うのである。それにしても、女子修道院長の言葉で語られる話は、他の聖母奇蹟譚と比べても残酷なまでに反ユダヤ的なように思われる。チョーサーの意図は那辺にあったのであろうか。

3. Soft reading vs hard reading

「女子修道院長の話」の解釈、評価は多岐に渡るが、Florence H. Ridley の論考、Beverly Boyd, ed. の variorum edition、やや簡単にではあるが Sheila Delany の論考に先行研究が手際よくまとめられている。これらを読むと本作品の解釈には 'soft reading' と 'hard reading' という二つの大きな流れがあることがわかる。これは女子修道院長に対して 'soft' であるか 'hard' であるかということに行き着く。前者の解釈によると、チョーサーのユダヤ人観はともかくとして、彼に女子修道院長を貶める意図はなかった、ということになる。これは古くは George Lyman Kittredge らに見られる見解であり、'The General Prologue' における女子修道院長の描写も多くの研究者が指摘するように揶揄的なものではなく、もっと好意的なものであり、「話」に至っては宗教的慈愛に富んだ作品と考える。ここでは反ユダヤ性の問題は棚上げにされるのであるが、ホロコースト以降の批評では、これは困難になってきた。

まず、女子修道院長は慈愛の人、とチョーサーが好意的に描いているとするならば、チョーサーもユダヤ人に対して、当時の多くの人がそうであったように敵対的であったか、せいぜい冷淡もしくは無関心であったことを含意することになる。これはチョーサーを、時代をも超越した知識と博愛の人と評したがる一部の Chaucerians には耐えがたいことである。'Soft reading' は昨今は劣勢であると言える。[6] 一方、'hard reading' を採る人は、チョーサーが当時の一部の知識人と同様、親ユダヤ的であり、わざと彼女に反ユダヤ的な話をさせることで、彼女を 'bigot' に仕立てあげようとしたのだと主張する。当然、'The General Prologue' でチョーサーが女子修道院長を描く筆さばきも、「話」の前振りとして皮肉なものであると解釈する。こちらの読みの典型は前出の Rex のそれである。以上、二つの読みについて触れたが、これらは相当に単純化した紹介であり、実際には両者を軸としてさまざまな偏差があるのであり、各人各様の解釈が存在することは言うまでもない。

　チョーサーのユダヤ人観を、彼の他の『カンタベリー物語』や別の作品に探ることは可能であろうか。Allen C. Koretsky の調査によると、チョーサーの語り手は全作品で22回ユダヤ人やユダヤ人街に言及しているという。詳述は避けるが、時にユダヤ人の手練の匠ぶりが述べられ ('The Tale of Sir Thopas')、彼らは「神の民」('The Monk's Tale') であり、「聖なるユダヤ人」('The Pardoner's Tale') であるが、同時に「キリスト殺し」('The Pardoner's Tale', 'The Parson's Tale') でもあるのである (p.17)。いずれにしても文脈的に非常に重要な言及とは言いがたいという (p.18)。敢えて言えば「女子修道院長の話」が突出して反ユダヤ的なのである。結局、チョーサーのユダヤ人観を作品のみから推し量ることは困難なようである。この点に関して、Stephen Spector の次の発言は傾聴に値すると思われる。少し長いが引用しよう—

　　[T]o address the question of how Chaucer felt about Jews, one must interrogate the actions neither of Chaucer the pilgrim, nor even of Chaucer the poet, whose masked and fragmented qualities, to the extent that they can be inferred, are part of a posture offered to public view. Rather, one must investigate the inner life of Chaucer the private individual. And there are reasons for skepticism that in issues of this kind a man's personal qualities are necessarily identical with the public ones suggested in his work. Barring new documentary discoveries, we cannot even establish that the issue was in any sense significant to Chaucer. What we can address, however, is the artistic function of the intolerance within the text. (p. 218) [7]

本稿の目的は Spector のように「テクストの内にある不寛容の芸術的機能」を探ることではないので、チョーサーのユダヤ人観に関する限りは、Spector の示唆する不可知論に留まってしまうことになる。しかし今一度本稿の冒頭に戻って、564 行目の解釈を筆者なりに整理してみたい。[8]

4. Line 564 ふたたび

Robert Mayer Lumiansky は、彼の『カンタベリー物語』の現代語訳初版 (1948) から、反ユダヤ的であるという理由で「女子修道院長の話」を削除し、梗概のみを掲載した。この作品の優れた側面を認めながらの苦肉の選択であったようだ。彼の弁を聞いてみよう―

Though anti-Semitism was a somewhat different thing in the fourteenth century from what it is today, the present-day reader has modern reactions to literature no matter when it was written. From this point of view, the Prioress' story of the little choirboy murdered by the Jews possesses an unpleasantness which overshadows its other qualities. For most of us, "The Prioress' Tale" is ruined by the similarity between this sort of story and some of the anti-Semitic propaganda which was current in Nazi Germany and which is still in operation, not only in foreign countries but also here at home. (p. xxiii)

この Lumiansky の初版における判断は、明らかにポスト・ホロコースト的心性が働いていると言えよう。[9]（もっとも、1954 年に出版された彼の現代語訳の第 2 版では、この物語は完全な姿で日の目を見た。そして訳出にあたって Robinson 1 を底本にしているので、564 行目は当然 'your' を採っている。）564 行目の読みを 'youre' としている版は—少なくともホロコースト以降に編まれた版は—これと似たような心性を引きずっている、というのはあまりに穿った見方だろうか。確かに前述のとおり、'youre' とした方が、スタンザ内の一貫性は保たれる。編者たちの emendation もそれが主たる理由かもしれない。しかし、Hg, El の読みに違背するという textual な問題を引き起こすことになる。筆者の僻目かもしれないが、敢えて Hg, El に逆らって 'youre' を採るにあたっては次のような心情が働いているのではないか—「中世でいかにユダヤ人が差別されていたにもせよ、また彼らが悪魔の手先であると考えられていたとしても、キリスト教と同根であるユダヤ教を信じる者たちが悪魔と同類であるとは、チョーサーなら考えなかったであろうし、少なくとも今日的尺度では受け入れにくい」。

しかしいずれにせよ、**1.** で検討したように、textual な観点からは詩人が 'oure' と書いた可能性が高いのである。それは **2.** で概観したような当時の社会的、文学的コンテクストから考えても決して不合理ではない。また、**3.** で触れた 'soft reading' を採るにしても、'hard reading' を採るにしても、この読みで支障はない。チョーサーが当時の大多数の者と同様、ユダヤ人に敵対的もしくは冷淡、無関心であったとするならば、'oure' の読みはそのまま正当化される。あるいはチョーサーが当時の一部の知識人同様、ユダヤ人に同情的で、女子修道院長を問題人物に仕立てる意図があったとするならば、'oure' の読みは女子修道院長の bigotry を強調するさらなる device となるだけのことである。

もとよりホロコーストは 20 世紀の人類の一大恥辱であった。しかし、ユダヤ人問題を歴史的パースペクティブから吟味するとき、たとえ一文学作品といえども、まず正確な読みを復元することが必要である—それがあるいは

offensive な読みになろうとも。またそうすることで、チョーサーの真骨頂が今日的尺度で貶められるはずもないのである。

注

(1) 以下、「女子修道院長の話」の引用は Larry D. Benson, gen. ed. による。ただし、564 行目の 'youre' に関しては、以下に述べるように筆者はこの読みを容認しがたい。

(2) 下線引用者。Hg は 'lawes reuerence' の部分が殆ど破損しており、Hg のファクシミリの編者である Paul G. Ruggiers の transcription では El から補われている。しかし、'oure' の部分は間違いなくそう読める。なお、El は Daniel Woodward & Martin Stevens, eds. のファクシミリに拠った。

(3) Skeat 以降の各版本の Hg, El の取り扱いについては、Tajiri 論文を参照されたい。

(4) 13 世紀半ばの「事件」を 14 世紀末に生きた女子修道院長が「ほんの少し前に起こった」というのはいかにも奇妙であり、研究者を悩ませてきた。女子修道院長の反ユダヤ性を厳しく断じる 'hard reading'（後述）を採る人の中には、このことによって彼女の話の嘘臭さが強調される、と考える人もいる。例えば Maurice Cohen ら。

(5) Rex は 'hard reading' を採っている。そのような親ユダヤ的知識人が多かった以上、チョーサーも例外ではありえず、女子修道院長を反ユダヤ的人物に仕立てることで、厳しく指弾していると考えている。

(6) Edward H. Kelly の論考は、比較的新しい 'soft reading' 系のものである。また、Derek Brewer や Derek Pearsall ら今日を代表する中世英文学者は、'soft reading' とまではいかないまでも、チョーサーを現代的な「人権思想家」に仕立てあげることを諫めている。もっとも、Brewer や Pearsall のこの問題についての言及は僅かである。

(7) ただし Spector は、その論文の appendix において、ユダヤ人とキリスト教徒に empathy が存在しえた事例をいくつか挙げている。また、まったく異質の論考であるが、Sheila Delany も「チョーサーのユダヤ人観」の不可知性について述べている（p. 53）。

(8) 本稿の結論には直接関係ないことだが、'soft reading', 'hard reading' に関して筆

者の見解を手短に述べておく。「チョーサーのユダヤ人観」は先にも述べたとおり不明である。しかし、女子修道院長の人となりについて言うならば、かなり自己愛が強い人物であると考えられる。'The General Prologue' に現れる小動物への愛着、'Tale' の幼い少年への愛情は、結局、'a child of twelf month oold, or lesse' (l. 484) たる自己への愛に帰着していくのではないか。また、そのように自己を飾り、宮廷風作法を身につけた彼女が「話」の中で時に冷酷無比で、時にスカトロジカルな描写を臆面もなく繰り広げるのは些か異様に映る。チョーサーは女子修道院長を手放しで賞揚しているとは考えられないと思うものである。その意味で、筆者は<u>人種問題抜きの</u> 'hard reading' を採りたい。

(9) 女子修道院長を反ユダヤ的 bigot とする 'hard reading' も主にホロコースト以降の言説と言えるが、ここには詩人チョーサーを bigotry から救おうという意図が絡んでいる点で、Lumiansky の心性とは異なる。

参考文献

Baugh, Albert C., ed. *Chaucer's Major Poetry*. Englewood Cliffs, N. J.: Prentice Hall, 1963.

Benson, Larry, gen. ed. *The Riverside Chaucer*. 3rd ed. Oxford: OUP, 1988.

Blake, Norman F., ed. *The Canterbury Tales Edited from the Hengwrt Manuscript*. London: Arnold, 1980.

Boyd, Beverly, ed. *The Middle English Miracles of the Virgin*. San Marino, California: Huntington Library, 1964.

──────, ed. *The Prioress's Tale* (A Variorum Edition of The Works of Geoffrey Chaucer, Vol. II *The Canterbury Tales*, Part 20) Norman: U of Oklahoma P, 1987.

Brewer, Derek S., ed. *Geoffrey Chaucer: The Works 1532 with Supplementary Material from the Editions of 1542, 1561, 1598 and 1602*. London: Scolar, 1969.

──────. *An Introduction to Chaucer*. London: Longman, 1984.

Brown, Carleton. 'XIX. The Prioress's Tale.' *Sources and Analogues of Chaucer's Canterbury Tales*. Ed. W. F. Bryan & Germaine Dempster. Chicago: U of Chicago P, 1941. 447-85.

Caxton, William, ed. (J. A. W. Bennett, introd.) *Geoffrey Chaucer: The Canterbury Tales*. 1484; rpt. Cambridge: Cornmarket Reprints, 1972.

Cohen, Maurice. 'Chaucer's Prioress and Her Tale: A Study of Anal Character and Anti-Semitism.' *Psychoanalytic Quarterly* 31 (1962): 232-49.

Delany, Sheila. 'Chaucer's Prioress, the Jews, and the Muslims.' *Chaucer and the Jews: Sources, Contexts, Meanings.* (The Multicultural Middle Ages) Ed. Sheila Delany. New York & London: Routledge, 2002. 43-57.

Donaldson, E. Talbot, ed. *Chaucer's Poetry: An Anthology for the Modern Reader.* 1st ed. New York: Ronald P, 1958.

—————, ed. *Chaucer's Poetry: An Anthology for the Modern Reader.* 2nd ed. Glenview, Illinois: Scott, Foresman & Co., 1975.

Ellis, F. S., ed. *The William Morris Kelmscott Chaucer.* London: Kelmscott P, 1896; rpt. Ware, Hertfordshire: Omega Books, 1985.

Emmerson, Richard Kenneth. *Antichrist in the Middle Ages: A Study of Medieval Apocalypticism, Art, and Literature.* Manchester: Manchester UP, 1981.

Fisher, John H., ed. *The Complete Poetry and Prose of Geoffrey Chaucer.* 1st ed. New York: Holt, 1977.

—————, ed. *The Complete Poetry and Prose of Geoffrey Chaucer.* 2nd ed. New York: Holt, 1989.

Frank, Robert Worth, Jr. 'Miracles of the Virgin, Medieval Anti-Semitism, and the "Prioress's Tale".' *The Wisdom of Poetry: Essays in Early English Literature in Honor of Morton W. Bloomfield.* Ed. Larry D. Benson & Siegfried Wenzel. Kalamazoo: Medieval Institute, West Michigan U, 1982. 177-88.

Kelly, Edward H. 'By Mouth of Innocentz: The Prioress Vindicated.' *Papers on Language and Literature: A Journal of the Midwest Modern Language Association for Scholars and Critics of Language and Literature* 5 (1969): 362-74.

Kittredge, George Lyman. *Chaucer and His Poetry.* Cambridge, Mass.: Harvard UP, 1915.

Koretsky, Allen C. 'Dangerous Innocence: Chaucer's Prioress and Her Tale.' *Jewish Presences in English Literature.* Ed. Derek Cohen & Deborah Heller. Montreal: McGill-Queen's UP, 1990. 10-24.

Lumiansky, Robert Mayer, trans. *The Canterbury Tales of Geoffrey Chaucer.* New York: Simon and Schuster, 1948; rev. ed. New York: Rinehart, 1954.

Manly, J. M. & Edith Rickert, eds. *The Text of the Canterbury Tales: Studied on the Basis of All Known Manuscripts.* 8 vols. Chicago: U of Chicago P, 1940.

Morris, Richard, ed. *The Poetical Works of Geoffrey Chaucer.* 6 vols. (Aldine edition) London: Bell & Daldy, 1866.

Pearsall, Derek. *The Canterbury Tales.* London: George Allen & Unwin, 1985.

Pollard, Alfred W., ed. *Chaucer's Canterbury Tales.* 2 vols. London: Macmillan, 1894.

Pratt, Robert A., ed. *The Tales of Canterbury, Complete.* Boston: Houghton Mifflin, 1974.

Rex, Richard. *"The Sins of Madame Eglentyne" and Other Essays on Chaucer.* Newark: U of Delaware P, 1995.

Ridley, Florence H. *The Prioress and the Critics.* Berkeley & Los Angeles: U of California P, 1965.

Robinson, Fred N., ed. *The Complete Works of Geoffrey Chaucer.* (Student's Cambridge Edition) 1st ed. Oxford: OUP, 1933.

──────, ed. *The Complete Works of Geoffrey Chaucer.* 2nd ed. Boston: Houghton Mifflin, 1957.

Ruggiers, Paul G., ed. *The Canterbury Tales: A Facsimile and Transcription of the Hengwrt Manuscript, with Variants from the Ellesmere Manuscript.* (Variorum Edition of the Works of Geoffrey Chaucer 1) Norman, Oklahoma: U of Oklahoma P, 1979.

Schildgen, Brenda Deen. *Pagans, Tartars, Moslems, and Jews in Chaucer's* Canterbury Tales. Gainesville: UP of Florida, 2001.

Skeat, Walter W., ed. *The Complete Works of Geoffrey Chaucer: Edited from Numerous Manuscripts.* 7 vols. 2nd ed. Oxford: Clarendon P, 1899-1900.

Spector, Stephen. 'Empathy and Enmity in the *Prioress's Tale.*' *The Olde Daunce: Love, Friendship, Sex and Marriage in the Medieval World.* Ed. Robert R. Edwards & Stephen Spector. Albany: State U of New York P, 1991. 211-28.

Tajiri, Masaji. 'Hengwrtism and Ellesmerism—Notes on Some Editions of the *Canterbury Tales.*' *Tabard* 3 (1991): 22-37.

Tyrwhitt, Thomas, ed. *The Canterbury Tales of Chaucer.* 5 vols. London: Payne, 1775; rpt. New York: AMS, 1972.

Woodward, Daniel & Martin Stevens, eds. *Geoffrey Chaucer, The Canterbury Tales: The New Ellesmere Chaucer Monochromatic Facsimile (of Huntington Library MS EL 26 C9).* San Marino, California: Huntington Library/Tokyo: Yushodo, 1997.

Wright, Thomas, ed. *The Canterbury Tales of Geoffrey Chaucer: A New Text with Illustrative Notes.* 3 vols. Percy Society. London: Richards, 1847; rpt. New York: Johnson Reprint Corporation, 1965.

佐藤唯行『英国ユダヤ人―共生をめざした流転の民の苦闘』(講談社選書メチエ 46) 東京：講談社、1995.

Chaucer の散文作品におけるワードペア使用

谷　　明　信

はじめに

　古英語・中英語で書かれた作品において、*time and tide* のようなワードペア word pairs(WP)が頻出し、文体に寄与することは知られている。しかし、特にフランス語借用語が流入し語彙が再構成された後期中英語期においてWP が文体にどのように寄与するのかという問題については、十分に研究が行われているとは言えない。また、Chaucer の WP についても、個別作品に関する研究は存在するものの、韻文全体あるいは散文全体を扱った研究は現在のところ存在しない。

　本研究は、14 世紀の Chaucer の散文作品である *Tale of Melibee*（*Mel*）, *The Parson's Tale*（*Pars*）, *A Treatise on the Astrolabe*（*Astro*）及び *Boece*（*Bo*）に現れた WP を次の 5 つの観点から主に量的に調査する：1)頻度、2)構成要素の語順と語源、3)WP の使用目的、4)頭韻、5)WP に使用される接続詞。これらの調査に基づき、各作品における WP 使用の相違を比較し、Chaucer の散文作品での WP 使用、および WP 使用と各作品との関係を解明することを目指す。

1.　Word pairs について

　WP とは *heaven and earth* のような句で、"two words in the same syntactic position linked by a conjunction like "and" and "or" etc." と、Koskenniemi (1968) は規定する。WP は、別名 doublets（特に文学関係の研究者が良く使

う用語）や binomial expressions などとも呼ばれる[1]。この WP が、古英語・中英語の作品で多用され、文体の創出に寄与することはよく知られている。

　このような WP についての英語における最も網羅的な研究として、Koskenniemi (1968) がある。Koskenniemi は、古英語の 11 の散文作品と初期中英語の 3 つの散文作品に現れた WP を調査した重要な研究である。しかしながら、WP 使用が顕著に見られる後期中英語散文作品の WP は扱っていない。そのため、フランス語借用語流入による中英語期における語彙の再構成が意味的・文体的に WP の機能と使用にどのような影響を与えたのかという重要な問題は未解決のままである。

　多くの先行研究に言及し、英語の中での WP 使用を歴史的に論じた渡辺 (1994) は、WP が「High Style を作り出す常套手段として定着し」ていったことと、「個別作家の文体を論じる際に」多くの学者が WP 使用に言及することを、指摘している。また、WP の「文体価を考察する時には出現頻度が問題になる」と論じている。同時に、中英語期以降の翻訳説明的対句の問題についても論じている。

2.　Chaucer の散文作品とその作品中の WP について

2.1　Chaucer の散文作品

　Chaucer の散文作品は韻文作品と比べて、その評価が低く、その中で例外的に *Bo* のみが評価を受けてきた。このような低い評価の散文作品を文献学的に再検討を加え再評価した Schlauch (1970) は、Chaucer の散文文体を次のように分類する：1) *Astro* は "plain style of scientific exposition"、2) *Pars* は "heightened style of homiletic discourse"、3) *Mel* は "Eloquent Style"、そして、4) *Bo* は、とりわけ、"markedly rhythmical" であるとして、中世の cursus の観点から分析し、賞賛している。それぞれの作品について、文体に寄与する言語項目として、次の項目をあげている：

Mel:	verbal echo and repetition, cursus
	an unusual frequency of rhythmical effects, very appropriate . . . to the dignified style and high seriousness of the debate
Pars:	repetition, echo of cognate forms for the purpose of clarity, alliteration
Astro:	frequent simple repetitions, paratactic, absence of alliteration and other decorative sound effects, but few of those tautological word pairs
Bo:	cursus, alliteration, word echo, *adnominatio*

このリストから明らかなように、Schlauch (1970) も Chaucer の散文作品の文体を論じる際に、WP に言及している。

2.2　Chaucer の散文作品中の WP についての先行研究

　Chaucer の散文作品の WP について論じている主な研究として、Elliott (1974)、Bornstein (1978)、Burnley (1986)、Machan (1985) がある。

　Elliott (1974: 99) は Chaucer の作品中で頭韻が一般に考えられている以上に出現し、そのような頭韻句の中でも WP が最も一般的なパターンであると指摘している。また、*Mel* で WP が多用され、その目的は修辞的な拡充や意味の明確化ではなく、一種の "mock-didactic style" を創り出すためであると論じている (Elliott (1974: 173-75))。

　また、下笠 (1977) は *Mel* とその原典とされる、Renaud de Louens による古フランス語の *Livre de Mellibee et Prudence* との比較を行い、原典で WP かどうか、また、それをどのように訳しているのかと言う観点から 6 分類し、古フランス語と中英語の語句の対応を示している。*Mel* の特徴を中世の chancellery で行われた文体である "style clergial" の影響と言う観点から論じている Bornstein (1978) も、同様の調査を行っているが、下笠 (1977) の方が正確で資料価値は高い。この 2 つの研究で明らかにされているのは、原典を翻訳する際に Chaucer が行った変更には、拡充と省略があること、そして、そのような変更が意識的であった事、さらには、WP に関しては拡充、つまり、原典には存在しない箇所で WP が追加されている例の方が圧倒的に多

数であることを指摘している。また、Bornstein (1978) ははじめて WP と "style clergial" との関係を指摘した。

　後期中英語散文の文体についての非常に重要な研究で、WP との関係で触れられる事はあまりないが、後期中英語の WP の研究に極めて重要な意義を持つ研究として、Burnley (1986) がある。Burnley は "curial prose" (Bornstein が style clergial と呼ぶ散文と同じもの）の目的として相反する 2 つ、すなわち ceremoniousness と clarity が有り、curial prose の幾つかの言語的特徴がそのどちらに資するのかも示唆している。その中で、WP は ceremoniousness に資するものと暗に示している。ただし、legal Latin にさかのぼる WP の元来の使用目的は "to clarify their significance" であり、さらに、名詞句の場合は "to make explicit or exhaustive their range of reference" であると述べ、clarity のためであったことをも指摘している。この場合、"to clarify their significance" というのは、多義を限定し明確化することであり、Jespersen の主張する interpretation あるいは gloss という意味とは異なる[2]。更に、WP が同じ形で繰り返されることで、cohesion (結束性) を創り出すことも指摘している。

　Bo での Chaucer の翻訳の問題を扱う Machan (1985) は、語彙を論じた第 2 章の中で、doublets すなわち WP を扱っている。WP は単なる style のための手段だけではなく、"for Chaucer doublets could be an effective semantic——rather than just ornamental——technique" (p. 37) であると主張し、用例を原典のラテン語・フランス語と比較している。

3. Chaucer の散文作品の WP の頻度

　渡辺 (1994) の指摘に鑑み、Chaucer の散文作品の WP 使用を考察する際にも、WP の頻度の問題は重要であると考える。Chaucer の散文作品の頻度について、先に見た Elliott (1974) と Bornstein (1978) は、WP が *Mel* で多用されると指摘する。また、Schlauch (1970) も、Chaucer の散文作品の文体を

比較する一指標として WP を挙げている。しかし、彼らの指摘は、Chaucer の他の散文作品との比較に基づいておらず、頻度などの具体的な数値も挙げていない。この点で例外的なのは Markus (1996) だけである。

Markus は Chaucer の散文作品、特に *the Canterbury Tales* の *Mel* と *Pars* の文体特徴を調査するため、Chaucer の散文作品のいくつかの語彙・文法項目を取り上げて論じており、その一項目として、Chaucer の散文作品からランダムに取り出した抜粋での WP の頻度を調査している。その表を表1として引用する：

表1 Table from Markus (1996: 223)

	# of words	# of doublets	%
MelT	2000	20	1
PT	3548	16	0.45
Boeth	8703	21	0.24
Astro	1923	0	0

Markus (1996) は、結果として *Mel* 及び *Pars* とそれら以外の散文作品で違いが顕著であることを指摘している。このように、Markus (1996) は具体的な数値を示しているが、ランダムに取り出した抜粋に基づいた WP の頻度であるので、その結果の信頼性には問題があると言える。よって、Chaucer の散文作品の WP の頻度については、作品の総語数との比較により調査する必要がある。

本研究では、各作品の総語数中での WP の頻度を調査した。各作品の総語数と各作品に見られる WP の生起数を数え、更に 1000 語毎での WP の生起数を計算した結果を表2にまとめた。

表2は、*Mel* での WP の頻度が著しく高く、また、*Pars* と *Bo* での WP の頻度が類似している事を示すが、これらの点において、表1の Markus の結果には問題があると言えよう。

表2から WP の頻度が作品の文体と関わりがあることは明白である。さら

表2　Frequency of WPs in Chaucer's Prose Works

	# of WPs	WP/1000 wds	Total wds
Mel	407	24.0	16933
Pars	481	15.6	30742
Bo	967	16.6	58379
Astro	100	6.7	14866
avg.	1955	16.2	120920

に、頻度との関連で、次の点が注目される：1) *Astro* で WP の頻度が顕著に低い、2) *Mel* で WP の頻度が顕著に高い、3) *Bo* と *Pars* では頻度がほぼ同じである。すなわち、WP の頻度から見れば、Chaucer の散文作品は3つのカテゴリーに大きく分類できる。すなわち、*Mel* と *Pars* & *Bo* と *Astro* の3つである。伝統的な散文の分類に従えば、*Pars* と *Bo* は philosophical treatise と分類できよう。また、*Astro* は scientific treatise に分類できる。*Mel* については、ジャンルの観点からは分類しにくいが、基本的に対話形式である点において他の散文と大きく異なる。

　このように考えると、WP の頻度を単純に「文体」の問題として取り上げて良いのかと言う疑問が生じる。すなわち、genre（ジャンル）の影響を考える必要があるのではなかろうか[3]。このジャンルの問題を考察するためには、同時代の類似した作品との比較が必要である。今回の場合、特に *Astro* と *Mel* における頻度が特異であることを考慮し、これらに対応するジャンルの作品として *Equatorie of Planetis*（以下 *Equatorie*）と John Trevisa の *Dialogue between a Lord and a Clerk*（以下 *Dialogue*）の比較・分析を行った。*Equatorie* と *Dialogue* における WP の頻度をまとめ、表3に示す。

　この調査結果から、*Dialogue* は *Mel* より WP の頻度が高く、また *Equatorie* は *Astro* より頻度が低いことが明らかとなった。従って、*Mel* および *Astro* のそれぞれの WP の特異な頻度は、単に「文体」の問題と考えるよりは、ジャンルの影響を想定する方が妥当である。以下、WP の頻度と3つの散文のカ

表3 Frequency of WPs in *Dialogue* and *Equatorie*

	# of WPs	WP/1000wds	Total Wds
Dialogue	74	35.5	1974
Equatorie	17	2.53	6730

テゴリーに属する作品の関係について考察する。

3.1 *Astro* での WP の頻度

Chaucer の他の散文作品と比較して、*Astro* の WP の頻度が低いという事実については Schlauch (1970) も主観的に指摘しているが、その理由は明らかにしていない。先に見たように、Chaucer の authorship に関する論争がなされてきた *Equatorie* との比較を通して、*Astro* での WP の低頻度はジャンルの影響と考える方が妥当であることが分かった。しかしながら、scientific treatise あるいは、atronomical treatise というジャンルという観点からは、*Astro* での WP の頻度は逆に高いと言える。この点については考察する必要があろう。

周知のように、*Astro* は息子 Lewis のために書いたと Chaucer 自身が述べているが、実際にはそれ以外の読者をも想定していたことは、次に引用する序説の言葉 "every discret persone that redith or herith this litel tretys" からも明らかである[4]。また、序説では *Astro* での表現について、興味深いことを述べている：

> "This tretis, divided in 5 parties, wol I shewe the under full light reules and naked wordes in Englissh," (*Astro* Pro 25-27)
> "Now wol I preie mekely every discret persone that redith or herith this litel tretys to have my rude endityng for excusid, and my superfluite of wordes, for two causes. The firste cause is for that curious endityng and hard sentence is ful hevy at onys for such a child to lerne." (*Astro* Pro 42-46)　　　（下線は著者による）

つまり、息子の教育的目的のために、自分の "rude endityng"「技巧のない書き方」と、"superfluite of wordes"「くどくどと言葉を使うこと」を読者に謝罪している。続けて、子供の理解のために、"curious endityng and hard sentence" を避けていることを述べている。これらの言葉は *Astro* での懇切丁寧な解説方法について、Lewis 以外の一般読者に向けての言葉であると考えられよう。Eisner（1985）は、*Astro* では "[Chaucer] never hesitates to amplify or explain as the need occurs" であると述べ、Chaucer が優れた technical writer であったことを指摘している。この点を考慮すると WP の使用が、読者に親しみやすさを与えるためなど読者への配慮からのものであり、従って同じジャンルの *Equatorie* よりも WP の頻度が高いことも当然であると言えよう。

さらに、*Astro* での WP の特徴として、同じ構成要素からなる WP の変種が繰り返して用いられる点がある。すなわち、*Astro* では 71 種類全 100 例の WP 中、11 種類の WP が繰り返し用いられて 40 例に達する。OE＋OE の語源構成の WP に関しての同種の WP の繰り返しについてはセクション 5.3 で触れるが、これは OE＋OE の WP に限ったことではない。OE＋OE の WP の他に、4 種 8 例の WP が繰り返して用いられている：*the mene mote and the argumentis*（2 例）、*citees and townes*（2 例）、*latitude＋declinacioun*（2 例）、*longitudes and latitudes*（2 例）。WP の使用と、このような同じ構成要素の WP の繰り返しこそが、Chaucer の言う "superfluite of wordes" に当たるのではなかろうか。しかし、この繰り返しが、Chaucer の読者への理解しやすさのための配慮であると考えられる事は先に述べた。

3.2　*Mel* での WP の頻度

すでに述べたように、*Mel* での WP の頻度の高さを、Schlauch（1970）、Elliott（1974）、Bornstein（1978）らは指摘しているが、具体的な数値を示していない。表 2 から、他の作品と比べて、*Mel* での WP の頻度が顕著に高いことは明らかである[5]。しかしながら、同じ対話という形式の *Dialogue* と比

べると、その頻度は低い。

　下笠（1977）によれば、古フランス語原典で1語がChaucerにおいてWPとして訳されている例が199例、また古フランス語に存在しないものをChaucerがWPとして表現した例が36例である[6]。従って、これら計235例はChaucerが意図的に追加したと言える。一方、古フランス語原典のWPを1語で翻訳したものについては、Bornstein（1978）のみが扱っており、これらは33例にのぼる。これらの追加と削除を勘案すると、Chaucerが意図的に追加したことは明らかである。

　先に見たように、Chaucerの散文作品中でのみ Mel を考察するのではなく、Chaucerの散文自体を同時代の散文という文脈の中で考察する必要があり、Mel の場合は特に dialogue という形式の問題も考える必要がある。このような dialogue はラテン語においてはもちろん、古英語においても Aelfric's Colloquy などが存在し、中世においては主に教育的目的、didactic な目的で使われた。Elliott(1974)は Mel でのWPの頻度の高さを、"mock-didactic style"を創造するためと結論づけている。もしそれが本当であれば、例えば同様のジャンルに属する Dialogue におけるWPの頻度より顕著に高くするのがパロディの常套と考えるが、Mel におけるWPの頻度は Dialogue におけるWPの頻度より1000語あたり10例も少ないのである。したがって、チョーサーは dialogue という形式・ジャンルでの書き方を念頭に置いて、それに倣った書き方をしたと考える方が妥当ではなかろうか。

　では、Mel と Dialogue でのWPの頻度の違いはどのように考えれば良いのだろうか。Dialogue は教師と生徒の間のやり取りであるため、一方が権威的に聞こえて一方通行でも良いかもしれない。一方 Mel では、妻 Prudence が夫 Melibee を説得して、如何に peace と reconciliation をもたらすかと言うことが話の中心である[7]。従って、必要以上にWPを多用すると、妻 Prudence の言説が権威的に聞こえ、Prudence による Melibee の説得の妨げとなるからではないか。以上の理由から、ChaucerがWPを追加したことについては、パロディではなく、説得という事に重点を置き、その意味で実質的にはむし

ろ "didactic style" を創造するためである。さらに、このように WP が文体の創出に寄与する *Mel* と直前にある *Sir Thopas* との対比により生じる効果を、Chaucer は計算していたと筆者は考える[8]。

3.3 *Bo* と *Par* での頻度

セクション 3.1 と 3.2 で見たように、*Astro* での WP の低頻度と *Mel* での WP の高頻度は、ジャンルと密接に関係する。従って、全ての散文作品の平均は、その 2 つのカテゴリーの中間に属する *Bo* と *Pars* の頻度に近いことが表 2 からわかる。解説を目的とする *Astro* や説得を主目的とする対話形式の *Mel* と違い、これらの 2 作品は monologue で descriptive であると言ってよかろう。

4. WP 構成要素の語源と語順

次に、WP の構成要素、すなわち、WP を構成する語の語源と語順を調査し、その結果を表 4 に示した。

この表 4 によれば、Chaucer の散文の WP 全体では、OF 系の語と OE などのゲルマン系の語の構成要素は、それぞれ 2061 語（52.8 %）：1843 語（47.2 %）となり、OF 系の構成要素が若干多い。

この調査結果は次の事を示している：*Astro* 以外の 3 作品で、主要な語源構成の WP、即ち、OE＋OE、OE＋OF、OF＋OE、OF＋OF の WP の割合が類似しており、さらに、割合の変動が少ないことである。この事から、Chaucer の WP の構成要素の語源的構成に関しては、無意識ながらも何らかの原則的なものがあるのではないかと推測できる。一方、*Astro* は WP の語源構成からも、他の散文作品とは全く異なることが明らかになった。

さらに、表 4 に示した調査結果から明らかなのは、次の 3 点である：1) *Astro* での WP の語源構成の割合の特異さ、2) OF＋OF の語源・語順の割合が一定で、*Astro* を除いた作品において、各作品の WP 中で割合が最高であるこ

表4 Etymologies of WP Components in Chaucer's Prose Works

1st	2nd	Mel	Pars	Bo	Astro	Total
?	OF	1		1		2
Imit	OE			1		1
MD	OE				1	1
OE	?		1	1		2
OE	MD	0	1			1
OE	OE	86 (21.1%)	140 (29.1%)	208 (21.5%)	59 (59%)	493 (25.2%)
OE	OF	103 (25.3%)	101 (21%)	214 (22.1%)	6 (6%)	424 (21.7%)
OE	ON	3	2	5		10
OF	?	2		1		3
OF	MD	1	1	1		3
OF	OE	80 (19.7%)	73 (15.2%)	184 (19%)	6 (6%)	343 (17.5%)
OF	OF	118 (29%)	142 (29.5%)	338 (35%)	28 (28%)	626 (32%)
OF	ON	4	9	6		19
ON	OE	3	1	2		6
ON	OF	6	9	5		20
ON	ON		1			1
		407	481	967	100	1955

と、3) OEとOFからなるWPでは、OE+OFの語順がより一般的であることである。それぞれについて、以下検討する。

4.1 *Astro* での WP の語源構成の割合の特異さ

表4から明らかなように、*Astro* では OE+OE の WP の割合が59%で、他の語順・語源構成の WP よりも顕著に高く、その代わり、OE+OF 及び OF+OE の WP の割合が顕著に低い。頻度と同様に、語源構成においても *Astro* は他の散文作品とは異なる。

まず、OE+OE の WP の割合が顕著に高いことは、他の作品における OE+OE の割合が 20％台と低いと言う事実と比較すると、際立った *Astro* の特徴と言えよう。*Astro* における OE+OE の WP はその語源構成が示すように、日常的で子供でも知っている語である：

> whethir so they be <u>north or south</u> fro the forseide wey. (*Astro* 2.30 Rub)
> in many moo han these conclusions ben suffisantly <u>lerned and taught</u>, (*Astro* Pro 38)

さらに、これら OE+OE の語源構成の 59 例の WP のうち 34 例は、接続詞・語順などに変異があるものの、7 種類の WP の変種が繰り返して用いられている：*north+south*（10 例）、*day+night*（9 例）、*more+lasse*（5 例）、*flod+ebb*（3 例）、*moneth+dayes*（3 例）、*up and doun*（2 例）、*sonne+mone*（2 例）。

これら 2 つの事実は、セクション 3.2 で指摘した読者の理解に資するという点と関係がある。すなわち OE 起源の構成要素を用いることで、読者に親しみを与えていると言えよう。また、これらの WP は OE 起源の構成要素を 2 つ含むとは言え、subject-matter と密接に関係しており、文飾のためではない。

さて、OE+OF 及び OF+OE の WP の割合が顕著に低いことは *Astro* の特徴であるとともに、WP と文体のある重要な関わりを示しているが、これはセクション 5.4 で論じる。

4.2 OF+OF の語順・語源構成の WP の割合が一定でかつ高いこと

表 4 から明らかなように、全作品において OF+OF が約 30 ％で、その割合は一定している。そして、*Astro* 以外の散文作品では、OF+OF の WP が、他の語順・語源構成の WP と比べて最も高い割合を占めている。このように、OF+OF の WP の割合が他の語順・語源構成の WP よりも高い事は Chaucer の散文における、重要な一特徴である[9]。

また、*Astro* において OF＋OF の WP は、確かに全 WP 中でその割合がもっとも高い訳ではないが、WP 全体に占める割合は他の作品と変わらないことは興味深いと言えよう。

4.3 OE と OF の構成要素からなる WP の語順

OE と OF の構成要素から成る WP の割合においては、表3から明らかなように、5～10％程度の差で、OE＋OF の WP が OF＋OF の WP に続き、OF＋OE の WP よりも高い。このことは、WP を結ぶ接続詞にかかわりなく一定である。セクション4.2で見た OF＋OF の WP と同様に、この事実も Chaucer の散文における一特徴であると言えよう。

5. Chaucer の散文での WP の使用目的

WP の使用についての有名な説として、Jespersen (1982: 89-90) の説がある。この説によれば、1) 本来語とフランス語借用語を隣接して使用することで、フランス語借用語の意味を本来語が説明する、一方、2) Chaucer の場合は読者は本来語にもフランス語借用語にも通じているものとされ、WP 使用の目的は説明ではなく、もっぱら文体効果を高めるためであると、主張されている。

Jespersen (1982) はこのように Chaucer に関しては文体効果のためと主張しているが、一般には WP 使用の理由として、説明のためという説も広く受け入れられている。また、Jespersen は文体効果のためと主張しながら、どのような文体効果のためなのか具体的に論じていないので、Chaucer の散文における WP 使用の目的については再検証する必要がある[10]。

結論から先に述べると、本研究の調査結果によれば、Chaucer の散文の WP 使用の目的は説明ではないと考えられる。その理由として、次の5点を論ずる：1) OF＋OF の WP の割合の高さ、2) *Mel* の原典へ Chaucer が追加した WP、3) *Astro* での WP の頻度の低さ、4) 文体を高める接辞を含む OF 系語彙の WP での用法、5) OF の言い回しに基づいた WP の存在。

5.1　OF＋OF の WP の割合の高さ

　セクション 4 で既に論じたが、OF＋OF の WP の割合が Chaucer の散文全体で 32％と、WP の語源構成の中で最多である。OE＋OF と OF＋OE の組み合わせは合計で 39.2％であるので、もし、Chaucer の散文の WP の主要な使用目的が説明であるのなら、説明の手がかりが乏しいと考えられる OF＋OF の語源構成の WP の割合よりも、OF と OE から構成される WP の割合がより高くなったであろう。

5.2　*Mel* の原典へ Chaucer が追加した WP

　セクション 3.3 で述べたが、*Mel* の原典である古フランス語の Renaud de Louens の *Livre de Mellibee et Prudence* での 1 語を Chaucer が WP として翻訳した例については、下笠（1977）と Bornstein（1978）が調査を行っている。この 2 つの資料を基に、原典の OF の単語と Chaucer が WP に翻訳した一方の要素との対応関係、及び、WP の要素の語源を調査した結果を表 5 に示した。

　この表 5 より、原典の OF の単語と対応のある構成要素を持つ WP が 78 例、対応のない WP が 108 例であり、原典の古フランス語との対応関係のない構成要素を持つ WP の方が、対応関係のある構成要素を持つ WP よりも多いことがわかる。また、対応関係のある場合、元々の OF の語を第一構成要素にした例と第二構成要素した例の比率は 57:21 である。すなわち、元々の語を第一要素にして後から別の語を加えて WP を形成した用例の方が圧倒的に多い。これは Chaucer の翻訳手法の一端を示している。また、OF＋OF の WP が 31 例、OF と OE から構成される WP が 42 例で、OF＋OF の比率が高いことも WP 使用の理由が説明であるという考えが妥当でないことを示すと言える。

　対応関係のない 108 例においても、OF の要素を含む WP が 73 例に上る。WP 使用の目的が説明であれば、これらの WP において、わざわざ OF 系の構成要素を用いる必要は全くないのである。この事実から、WP の意義が説明的

表5　**Correspondence of WPs in *Mel* with Original OF Words**

Corresp	1st	2nd		Corresp	1st	2nd	
1	OF	OE	31	0	OE	OE	31
1	OF	OF	22	0	OE	OF	35
1	OF	ON	4	0	OE	ON	1
2	OE	OF	11	0	OF	?	2
2	OF	OF	9	0	OF	OE	16
2	ON	OF	1	0	OF	OF	18
				0	ON	OF	2
				0	ON	OE	3
			78				108

1, 2 ＝ 1st or 2nd component corresponds, 0 ＝ no correspondence

であるという主張は少なくとも Chaucer の散文に関しては妥当とは考えられない。

対応関係の観点から、幾つかの用例を検討する：

		翻訳	原典
第1要素が対応:	OF＋OE:	obligacioun and boond (*Mel*(7) 1767)	＜obligacions
第1要素が対応:	OF＋OF:	disposicioun and ordinaunce (*Mel*(7) 1726)	＜disposicion
第2要素が対応:	OE＋OF:	myght and power (*Mel*(7) 1478)	＜povoir
第2要素が対応:	OF＋OF:	leyser and espace (*Mel*(7) 1029)	＜espace
対応なし:	OE＋OE:	by kynde or of burthe (*Mel*(7) 1567)	＜par nature
対応なし:	OE＋OF:	wasten and despenden (*Mel*(7) 1606)	＜degastent
対応なし:	OF＋OE:	the science and the konnynge (*Mel*(7) 1739)	＜la sentence

最初の OF＋OE の例、*obligacioun and boond* を見ると説明的かに見えるが、*obligation* の初出は、*OED2* によれば、1297 年の Robert of Gloucester の作品

である。従って、Chacuer の頃には、この語は英語に同化していたと考えられる。

一方、2例目の OF＋OF の例、*disposicioun and ordinaunce* は、原典の *disposicion* を *ordinaunce* という big word と結合させている。*OED2* と *MED* によれば、この両語は Chaucer の作品での使用が初出である。これでは一方の構成要素でもう一方を説明するということは不可能であり、単に文体を高めることに意図があると言えよう。もっとも説明という意味ではなく、構成要素の意味の明確化と捉えるのあればより妥当な解釈と言えよう。*MED* では *disposicioun*（n）に対して6つの語義を与えており、この例の語義で与えられている用例の中には他の OF 系の語とともに WP を構成しているものがあるからである：

> 2. The act of ordering, regulating, administering, or governing; also, an order, regulation, or prescription.
> 　　(**a1382**) **WBible**(**1**) (**Dc 370**)　2 Par.23.18:　Joiada sette prouostis in the hous of the Lord..after the disposicyoun [WB(2): by the ordynaunce] of Dauid.
> 　　(**1420**) **in Rymer's Foedera** (**1709-10**)　9.917a:　The..Excercice of the Governance and Disposission of the Good publique and commune Proffit of the sayd Roialme of France.

しかしながら、この語義の明確化という解釈が妥当としても、Chaucer での初出の2語の組み合わせで合成した WP は読者にかなりのフランス語の知識を前提としていることは確かで、読者が少なくとも bilingual に近いことを前提としたものと想定できるのではなかろうか。

5.3　*Astro* での WP の頻度の低さ

既に見たように、*Astro* は techinical writing として優れた作品であると Eisner (1985) は指摘しているが、もし WP 使用が難語の説明と関係があるの

であれば、*Astro* においてこそ WP 使用が多くあるべきである。しかし、セクション 3.1 で見たように、Chaucer の他の散文作品と比べて、*Astro* では非常に WP の頻度が低く、これがジャンルの影響であることは既に確認した。

ではこのジャンルでは如何に説明を行っていたのだろうか。次の用例は一見すると本来語の *the south lyne* により後続の *lyne meridional* を説明している WP であるかに見える：

> This moder is dividid on the bakhalf with a lyne that cometh descending fro the ring doun to the netherist bordure. The whiche lyne, fro the forseide ring unto the centre of the large hool amidde, is clepid the south lyne, or ellis the lyne meridional. (*Astro* 1.4.6)　　（下線は筆者による）

しかし実際には、まず文の形で説明を行い、それから、本来語での用語、次に、言い換えとして *lyne meridional* を導入している。その際、説明であることを明示するために、*ellis* "else" という語さえ用いている。さらに、このようにこの WP を一旦説明したあとは、WP でなく、単独で用いていることが、次のコンコーダンスラインから明らかである：

Several Concordance Lines for "meridional" in Astro in Order of Occurrence

　　　　　is clepid the south lyne, or ellis the lyne meridional. And the remenaunt of this lyne doun
　this litel cros (+) up to the ende of the lyne meridionall, under the ryng, shalt thou fynden
lyne. For trust wel, whan the sonne is nygh the meridional lyne, the degre of the sonne renneth
　　[P] Set the degre of the sonne upon the lyne meridional, and rekne how many degres of
　seyn that whan eny sterre fix is passid the lyne meridional, than begynneth it to descende; and so
　　the nombre of that same altitude in the lyne meridional; turne than thy ryet aboute tyl thou
　sterre whan he is on the est syde of the lyne meridionall, as nye as thou mayst gesse; and tak
nomhre of altitude on the west syde of this lyne meridional, as he was kaught on the est syde; and
wayte than what degre that sitte upon the lyne meridional, and tak there the verrey degre of the
　　[P] Set the centre of the sterre upon the lyne meridionall, and tak kep of thy zodiak, and loke

すなわち、*Astro* においては、WP を説明の手段としては用いず、文の形で説

明を行っているのである。

　さらに、*Astro* の WP の特徴は、その構成要素が同義的ではなく、反意・対比的意義であることである。この事実はまた、セクション 7 で見るように、他の作品と異なり WP の接続詞として *or* を持つ用例が圧倒的に多いことに間接的に反映されている。つまり、説明の手段となる同義的な意味関係の構成要素から成る WP ではなく、特に *or* を接続詞としてもつ反意・対立的な意味関係の構成要素から成る WP が多いことから、WP が説明の手段とはなり得ないのである。

　WP が一義的に説明的に用いられていたとすれば、*Astro* においてこそ用いられるべきであるはずである。しかし実際には上に挙げた理由から、*Astro* では WP が説明のために用いられていたとは考えにくい。

　ついでながら、この *the whiche lyne* . . . の例文は、Burnley (1986) が指摘する curial prose の幾つかの特徴を持っている、つまり、*the whiche lyne* という前方照応的なフレーズ、また、節中の *is clepid* という受動態である。*Astro* における、このような curial prose の特徴は Burnley (1986:610) も指摘している。Burnley (1986:596) は curial prose の目的として、ceremoniousness と clarity という相反する 2 つを挙げ、同時に curial prose を特徴づける項目を幾つか挙げている。Expository prose である *Astro* においては clarity が優先されており、ceremoniousness に資する WP の使用は少ないと考えられる。

5.4　文体を高める接辞を含む OF 系語彙の WP での用法

　Franco-Latin の文体を高める一群の語彙は語源と言うよりも語の構造 (word structure) によって区別されると Burnley (2000) は主張し、そのような構造に関係する接辞として次のものを列挙する：

　　per-, in-, -able, -ible, -al, -aunt, -yn, -ive, -ous, -ate, -ion (*-auncy, -ent, -ency*)

これらの OF 系の接辞は、語構成を複雑にし、語長を伸張すると考えられる。

これらの接辞を含む WP を構成要素の語源別に作品毎での生起を調査し、その結果を表 6 に示した：

表6　WPs with Stylistic OF Components

1st	2nd	*Mel*	*Pars*	*Bo*	*Astro*	Total
OE	OF	22 (33.3 %)	21 (27.6 %)	37 (28 %)	1 (5.6 %)	81 (27.55 %)
OF	OE	12 (18.2 %)	6 (8 %)	20 (15.2 %)		38 (12.93 %)
OF	OF	32 (48.5 %)	50 (65.8 %)	75 (56.8 %)	17 (94.4 %)	174 (59.18 %)
ON	OF		1			1
Total of Stylistic OFs		66	78	132	18	294
# of Total WPs		407	481	967	100	1955
% of Stylistic OF WPs		16.2 %	16.2 %	13.7 %	18 %	16.2 %
Stylistic OF WPs/1000wds		3.9	2.5	2.3	1.2	2.4

　この表 6 から明らかなように、高尚な文体に貢献する接辞を含む構成要素を持つ WP の中で、OF+OF の割合が、OE+OF および OF+OE を合わせた割合よりも全作品において高い。このような OF+OF の WP が説明的であるとは考えられない。他の語源構成の WP と比べて、OF+OF の WP の使用目的が特に文体を高めることに寄与することは明らかである[11]。

　Bo においては他の作品より高尚な文体に貢献する OF 系構成要素の割合が他の作品と比べ低い。ただし、*Bo* においては、OF+OF の構成要素 2 語ともが高尚な文体に貢献する OF 系語である用例が 15 例と他作品よりも多い (cf. *Mel* 6 例、*Pars* 7 例、*Astro* 1 例)。

　また、*Astro* においては WP の頻度が低く、また、OF+OF の WP の割合も全体では低いが、high style に貢献すると考えられる OF 系の語彙を構成要素に持つ WP は以外に高い。しかし、このような接辞をもつ WP の構成要素は、次の例のように全て専門用語である：　"the declinacioun or the latitude" (*Astro* 2.17.34)。

　このように、語形成から文体を高める効果を持つと考えられる OF 系の語

を重ねて WP を形成することから考えても、WP 使用が説明であるよりは、文体を高尚にするためであるという考えが妥当であると言えよう。

> But lat us go now to thilke horrible sweryng of <u>adjuracioun and conjuracioun</u>,
> (*Pars* (10) 603)
> whan it is <u>sufficeant and resonable</u>. (*Mel* (7) 1032)
> as men were wont to demen or speken of <u>complexions and atempraunces</u> of bodies? (*Bo* 4 pr6.198)
> （下線は著者による）

5.5 OF の言い回しに基づいた WP の存在

今回調査した Chaucer の散文の WP の中には、Prins (1952) が OF に基づいたと主張する WP が少数ながら見られた：

> *cause and mateere* (*Mel* 1864)
> *concord and pees* (*Mel* 1676)　(cf. *pees and accord* (*Mel* 1294))
> *pees and reste* (*Mel* 1789)

このようにフレーズごと借用した WP は少数であるものの、WP の使用目的が説明という主張がチョーサーに当てはまるのかを疑問に思わせるものである。同時に、同時代の bilingual な言語環境を考慮し、WP を考察する必要性があろう。

5.6 セクション 5 のまとめ

OF 系構成要素を含む WP 使用の目的について、特に WP が説明かどうかと言う点について、このセクションでは考察した。少なくとも Chaucer の散文作品においては、WP 使用は説明が目的ではないということが、次の 5 つの理由から明らかとなった：1) OF＋OF の WP の割合の高さ、2) *Mel* の原典へ Chaucer が追加した WP、3) *Astro* での WP の使用特徴、4) 文体を高める OF

系語彙のWPでの用法、5)OFの言い回しに基づいたWPの存在。

ただし、Chaucerの散文でのWP使用の目的が説明ではなく文体の高尚化であることは確かであるが、先に見たようにジャンルの影響の方が、そのような文体効果よりも優先することは既に見たとおりである。

6. Chaucerの散文作品の頭韻WP

セクション2.2.で指摘したように、Chaucer作品には頭韻を踏んだWPの使用が多いとElliott（1974）は主張する。また、初期中英語の宗教散文である *St. Marherete* などでも、WPでの頭韻使用が著しい。つまり、英語散文の連続性の問題との関わりからも、頭韻WPの問題は重要であると考えられる。

Chaucerの散文作品中にも、頭韻WPの用例は見られる：

biwepe and biwaillen (*Pars* 178)
my prise or my praye (*Pars* 355)
of sedes and of sexes (*Bo* 4 pr6.152)

Elliott（1974）の主張の妥当性を見るために、WP中での頭韻使用の割合を調査し、結果を表7に示した。

表7 Percentage of Alliterative WPs

	Allit WPs	Total WPs	%
Mel	34	407	8.4
Pars	42	481	8.7
Bo	75	967	7.8
Astro	9	100	9

表7によれば、Chaucer散文作品中のWP中の頭韻使用は全作品で8％前後

で一定している。古英語から初期中英語の主に homiletic な散文を扱った Koskenniemi (1968) は、収集した WP 用例全体での頭韻使用が約 38％であることを指摘している。この割合と比較すると、Chaucer 散文作品での頭韻 WP の割合は非常に低いと言える。

なお、Elliott(1974) が頭韻 WP の多用を指摘している箇所での引用例は韻文からのもので、韻文について述べている可能性がある。よって、その主張の妥当性を検証するためには、韻文での頭韻 WP の割合を調査することと、他の同時代の作家の調査結果との比較が必要である。

7. Chaucer 散文作品の WP の構成要素を接続する接続詞

Chaucer の散文作品の WP に使われる接続詞毎の WP の生起数を調査し、表 8 にまとめた：

表 8　Conjunctions Used in WPs

	Mel	*Pars*	*Bo*	*Astro*	Total
and	331(81.3％)	315(65.5％)	724(74.9％)	46(46％)	1416(72.4％)
or	41(10.1％)	124(25.8％)	182(18.8％)	51(51％)	398(20.4％)
ne	35(8.6％)	42(8.7％)	56(5.8％)	3	136(7％)
nor			5		5
	407	481	967	100	1955

この表 8 からは明らかなのは、1) *Astro* 以外の散文作品では、WP で使用される接続詞の中で、*and* の頻度が一番高いこと、2) 特に *Astro* での *or* を含む WP の割合が際立って高いことである。

第 1 の点に関しては、WP の接続詞としては *and* が基本であることがわかる。

第 2 の点に関しては、*Astro* が他の散文作品とは異なる事が WP の接続詞

からも明らかである。さらにこの点は、Astro における WP の構成要素の意味関係が他の作品とは異なっていることをも間接的ながら示唆している。セクション 5.3 で既に述べたが、他の作品においては and で結ばれる WP の意味関係は同義的なものが多いが、Astro の and を含む WP においては、*longitudes and latitudes* のように構成要素間の意味関係が対比的・反意的なものが多い。また、*or* で結ばれる WP については、一般的に意味関係が同義ではなく complementary 或いは反意的なものが多いと言える[12]：

longitudes and latitudes (*Astro* Pro 78)
the verrey tyde of the day, or of the night (*Astro* 2.5.27)

8. 結論

Chaucer の散文作品に現れる WP について調査した結果、特に顕著なこととして次の事が明らかになった：1) WP の頻度の点から、Chaucer の散文作品は 3 つのグループに分けられ (*Mel* ＞＞ *Bo*, *Pars* ＞＞ *Astro*)、WP 使用へのジャンルの影響が強いことが明らかになった、2) *Astro* に生起する WP は、頻度・語源構成・接続詞 (そして WP の構成要素間の意味関係) において、他の作品と大きく異なる、3) *Mel* の WP は、頻度において他の作品のそれより顕著に高い、4) *Astro* を除いて、WP の構成要素の語源構成の割合はあまり相違がない、5) WP の使用は説明というよりは high style と関係しているが、genre の影響がより大きいと考えられる。

1) については、WP の頻度において他の作品との乖離が大きな *Mel* と *Astro* をそれぞれに対応する genre の作品と比較することで、WP の使用頻度が genre の影響と関係があることが解明された。

2) については、*Astro* の WP の頻度が非常に低く、他作品の半分以下である。また、語源構成についても、OE＋OE の WP が他の語源構成の WP と比較して最多であり、WP の構成要素を結ぶ接続詞 *or* の割合が非常に高く、構

成要素間の意味関係が反意的・対比的であった。これらの点は他の作品との大きな相違点である。特に頻度の点から考察すると、*Astro* での WP の使用に関しては scientific treatise あるいは少なくとも astrological (astronomical) treatise という genre の影響が非常に強いことが分かった。ただし、*Equatorie* よりも WP の頻度が高い事については、読者の理解に資するという techical writer としての Chaucer の配慮が伺える。

3）については、*Dialogue* との比較から、*Mel* での WP の高頻度は、対話という散文形式に大きな影響を受け、さらに *Dialogue* と比べると WP の頻度が低いのは説得という目的のためである。

4）セクション 4 で見たように、*Astro* のようにジャンルの影響を強く受けている場合を除いて、WP の語源構成の割合がほぼ同一であることも Chaucer 散文の WP 使用の重要な特徴で、何らかの指針があったのではないか。

最後に、Chaucer の散文を 3 つのカテゴリーに分類したが、この分類との関係で WP の頻度を考えると暫定的に次のように図示したい：

⟨prose type⟩
persuasive/didactic ⟨------------- descriptive ----------------⟩ expository
more-------------------------- ⟨WP⟩ ------------------------less

ただし、このような 2 次元の形で WP と散文のタイプの関係を示すことができるのかは今後の問題としたい。*Mel* での WP の使用目的を説得と関係づけたが、この問題は sermon などの他の散文ジャンルとの関係と考える必要があり、特に *Pars* などとの関係を考察する必要があるが、これについても次の機会に取り組みたい。

注

　本論は、2003 年 12 月に東京外国語大学で開催された日本中世英語英文学会第 19 回全国大会での口頭発表「チョーサー散文作品におけるワードペア使用の違いについて」に基づいている。テキストについては、Riverside 版を使用した。また、頻度計算のため、*Chaucer: Life and Times*. CD-ROM. に含まれている Riverside 版の e-text も利用した。また、*Equatorie of Planetis* については The Prose Corpus of ICAMET を使用し、また、*Dialogue between a Lord and a Clerk* については、Burrow & Thorlac Turville-Petre (3rd, 2004) のテキストを電子化したものを用いた。引用例中の下線は筆者によるものである。なお、執筆時に University of Glasgow の Professor Graham Caie にさまざまな援助と協力を賜ったことをここに記し、謝意を表す。また、ジャンルの問題を考察する必要性と *Equatorie* を調査対象とすることを提案頂き、さらに対話の資料として *Dialogue* を提案し、関連文献の情報を頂いた Universtiy of Glasgow の Professor Jeremy Smith に対し、ここに感謝の意を表す。また、ICAMET の使用について、University of Innsbruck の Professor Manfred Markus に謝意を表す。

(1) WP と同様の言語現象を freezes という名称で呼び、特に第一要素と第二要素の語順の決定要因を決定しようとする研究が存在するが、先行研究に言及していないため、これらの研究はここでは考慮しない。
(2) WP の目的の一つとして、多義の限定や意味の明確化があるとの考えは、青木 (2006: 52) も示唆している。
(3) この問題との関連で、Schmidt (1993) は *Equatorie* と Chaucer の散文の文体について論じ、*Astro* についてもジャンルの問題が大きいことを示唆している。
(4) Chaucer が息子の Lewis だけでなく、一般読者も考慮に入れ *Astro* を書いたことについては、Elmquist (1941) を参照のこと。
(5) *Mel* での WP の頻度は、一般的に WP の頻度が高いと考えられている Caxton の複数の作品よりもかなり高い。Caxton の作品である *The History of Reynard the Fox* での WP の頻度は Tani (forthcoming1) によると 17 WP/1000wds で、同じ Caxton による *Paris and Vienne* は Tani (forthcoming2) によれば 16.3 WP/1000wds である。
(6) 下笠 (1977) が doublet と見なすものうち、phrase + phrase や triplet を本研究では WP として扱っていない。また、下笠で抜けていて Bornstein (1978) に含まれている 10 例を加えたため、下笠と本研究の用例数に差がある。
(7) *Mel* での WP 使用を説得という観点から見たが、他に説得という観点から *Mel* を語用論的に分析した研究として、Pakkala-Weckstrom (2001) を参照のこと。

(8) Mel における WP 使用について、Elliott(1974)と異なる意見を表明する Cooper (1996: 322) は、WP 使用などの amplification を political な動機からとしている。しかしながら、Elliott と同様に、*the Canterbury Tales* が持つ物語の frame と、隣接した tales の拮抗関係から生み出される文体価値という大きな視点からの考察が欠けている。Frame という観点を加えた文体の考察については、Benson (1986: 37-43) を参照のこと。

(9) Chaucer と異なり、Caxton においては翻訳原典の言語により語源構成が一定していないことを Tani (forthcoming2) は指摘している。

(10) Jespersen (1982) の Chaucer の WP 使用に関する記述は、特に散文と韻文の区別をせず主張し、引用例は韻文のみ出ある点で不十分である。さらに、Chaucer の読者がどのよう言語能力を有する集団であったのかも特定していない。

(11) Burnley (1983: 136) は次のように述べる: "If words were meant to be noticed, they must be unusual or technical, and it is in these words, meant largely for display purposes . . ." 従って、high style を示す接辞を持つ構成要素に、更に prestigious な OF の語を隣接させて WP にすることで、余計に人目を引くことになる。

(12) *or* を接続詞に持つ同義的な WP では、明示的な *ellis* を用いる例が多いことも *Astro* の特徴である。

Primary Sources

Benson, Larry D. ed. The *Riverside Chaucer*. Boston, Mass.: Houghton Mifflin, 1987.

Burrow, J. A. & Thorlac Turville-Petre eds. *Dialogue between a Lord and a Clerk*. in *A Book of Middle English*. 3rd ed. London: Blackwell Publishers. 2004. pp. 216-222.

Chaucer: Life and Times on CD-ROM. Woodbridge, Connecticut: Primary Source Media, 1995.

Markus, Manfred. Compl. The Prose Corpus of ICAMET. New Ed. 2005.

Price, Derek J. ed. *The Equatorie of the Planetis*. Cambridge: Cambridge UP. 1955.

References

Benson, C. David. *Chaucer's Drama of Style: Poetic Variety and Contrast in the Canterbury Tales*. The U of North Carolina, 1986.

Bornstein, Diane. "Chaucer's *Tale of Melibee* as an Example of the *Style Clergial.*" *Chaucer Review* 12 (1978), 236-54.
Burnley, David. *A Guide to Chaucer's Language*. London: Macmillan, 1983.
_____. "Curial Prose in England." *Speculum* 61 (1986): 593-614.
_____. "Language." *A Companion to Chaucer.* Ed. Brown, Peter. Oxford: Blackwell, 2000. 235-50.
Cooper, Helen. *Oxford Guides to Chaucer: The Canterbury Tales.* 2nd Ed. Oxford UP, 1996.
Eisner, Sigmund. "Chaucer as a Technical Writer." *Chaucer Review* 19 (1985), 179-201.
Elliott, Ralph W. V. *Chaucer's English.* London: Deutsch, 1974.
Elmquist, Karl Erik. "An Observation on Chaucer's *Astrolabe*." *Modern Language Notes*, Vol. 56, No. 7 (1941), 530-534.
Jespersen, Otto. *Growth and Structure of the English Language.* 10th ed. Oxford: B. Blackwell, 1982.
Koskenniemi, Inna. *Repetitive Word Pairs in Old and Early Middle English Prose.* Turku: Turun Yliopisto, 1968.
Machan, Tim William. *Techniques of Translation: Chaucer's Boece.* Norman, Oklahoma: Pilgrim Books, 1985.
Markus, Manfred. "Chaucer's prose in *the Canterbury Tales* as Parody." *Anglistentag 1995 Greifswald: Proceedings.* Ed. Klein, Jurgen et al. Niemeyer, 1996. 259-71.
Pakkala-Weckström, Mari. "Prudence and the Power of Persuasion—Language and *Maistire* in the *Tale of Melibee*." Chaucer Review Vol. 35, No. 4 (2001), 399-412.
Prins, A. A. *French Influence in English Phrasing.* Leiden: Universitaire Pers Leiden, 1952.
Schlauch, Margaret. "The Art of Chaucer's Prose." *Chaucer and Chaucerians: Critical Studies in Middle English Literature.* Ed. Brewer, D. S. London: Thomas Nelson & Sons; 1970. 140-63.
Tani, Akinobu. Forthcoming1. "Word Pairs or Doublets in Caxton's *History of Reynard the Fox:* Rampant and Tedious?"
Tani, Akinobu. Forthcoming2. "Word Pairs or Doublets in Caxton: *Paris and Vienne* Compared with *the History of Reynard the Fox*." Paper read at PALA2007.
青木繁博「語源と語義から見たペアワードの諸相―『イエス・キリストの祝福されし

生涯の鏡』早稲田写本において」『新潟清陵大学短期大学部研究報告』第 36 号
　　　（2006）, 49-62.
下笠徳次「"チョーサー"「メリビュース物語」における同義語並置表現」『山口女子
　　　大学研究報告　第 1 部　人文・社会科学』　第 3 号（1977）, 61-76.
谷明信「初期中英語 the 'Wooing Group' の Word Pairs の用法とその特徴」『兵庫教
　　　育大学研究紀要』　第 2 分冊、第 23 号（2003）, 19-24.
渡辺秀樹「同意語並列構文の系譜」『英語青年』1994 年 9 月号（1994）, 285-87.

Redundancies in *Sir Gawain and the Green Knight*

Noriko Inoue

Redundancy is a necessary element in linguistic communication. Its primary function is to counteract the effects of "noise," which can be actual noise or any other factor that may impede the smooth transfer of information.[1] Redundancy takes several forms: repetition of information is the most obvious. A good example may be a message conveyed through a bad telephone line, such as "Can we meet there at five? Can you hear me? At five, okay?" Here the speaker repeats the prepositional phrase "at five" because it carries the most important information in his/her utterance. But elements can also be regarded as redundant when they are predictable from other elements in the communication, giving no or little new information. In an utterance like "I got up at 7a.m. this morning," "this morning" is actually redundant in this particular utterance. Predictable elements are not necessarily limited to words, but may appear at different levels: phrases, clauses or syntactic constructions. Sound and rhythmic patterns are also semantically redundant because they themselves do not give any information. In this sense, poetic meter can also be regarded as another type of redundancy, for it imposes a certain regular, predictable pattern on verse structure unnecessary to meaning (e.g. iambic, rhyme, alliteration, etc.). Thus redundancy plays an important role in linguistic communication and also in poetic composition, which may or may not be transmitted orally.

Redundancy is a well-known stylistic feature of Middle (as well as Old) English alliterative poetry, and is observable in several forms. Before I examine redundant features in Middle English alliterative verse, I will first take a quick glance at the basic verse structure. The example is taken from *Sir Gawain and the Green Knight* (henceforth *Sir Gawain*), which, together with *Pearl, Cleanness* (or *Purity*) and *Patience*, were probably written by a single anonymous poet now called "the *Gawain* poet":[2]

```
                    a-verse          b-verse
        Þenne watz Gawan ful glad    and gomenly he laȝed   (SG 1079)
              a         a      /       a           x
```

Middle English unrhymed alliterative long lines consist of two half-lines, divided by a medial caesura that usually corresponds to a phrasal boundary. The first half-line is usually called the a-verse and the second one the b-verse. Each verse has two stress positions or staves. The first three staves, as represented by the letter *a* in the example, normally join the alliteration, while the line-terminal stave or the last stave is usually non-alliterating, as represented by the letter *x*. The alliterative pattern for the line quoted can be formulated as aa/ax—and this is the pattern regularly observed in the Middle English alliterative line. Alliteration in alliterative verse is a structural principle and has two metrical functions: it binds the two half-lines together with a phonic link, and foregrounds stressed words.[3]

Redundant features in alliterative verse are sometimes considered in the context of oral poetry (minstrelsy) in which such redundant elements serve to help the memory of the reciter and slow down and facilitate information delivery for the listener. They might have had such a function in the Anglo-Saxon period, in which poems were orally improvised and probably performed to music. Yet Middle English alliterative poems are certainly not the works of poetic improvisation, though they might well have been delivered orally. It might be that changes in the function of redundancy, in line with changes in the language itself, were so far-reaching between the Old English period and the fourteenth century that redundant elements had lost their original function by the late Middle English period. Redundancy in the form of stock expressions is often regarded as stylistically unfortunate, producing "an effect of monotony," as pointed out by J. A. Burrow.[4] They are, for instance, stock or pleonastic prepositional phrases such as (*vp*)*on molde*, (*vp*)*on fold* and (*vp*)*on bent*, which literally mean 'on earth' or 'on the ground', but which are used at times without meaning. There are also what the critic David Lawton calls "source tags" and "truth-tags" such as *as the book says* and *for sothe* ('truly').[5] These "tags," frequently encountered in alliterative poetry, tend to occur at verse-ending (i.e. line-ending and pre-caesural position), or occupy the whole b-verse. For example, in line 964:

A mensk lady on molde   mon may hir calle   (*SG* 964)

here, "on molde" ('on earth') is no more than a metrical filler to provide the second alliterating stress and contributes little to the total significance of the line.

In alliterative verse, the b-verse inevitably presents some redundancy, as different syntactic and semantic roles are typically fulfilled by the half-lines: the a-verse characteristically giving "new" information by opening a statement, the b-verse repeating, expanding or wrapping up what has been said in the a-verse. This is well illustrated by the b-verses in the following lines from *The Destruction Troy*:[6]

The noise was full noble   of notes to here,
Thurgh myrth and melody   made vppon lofte.

To this souerayne Citie þat yet was olofte,
Jason [a]ioynid   and his iust fferis,
Steppit vp to a streite   streght on his gate.   (*DT* 347-51)

None of the above b-verses are needed to make sense of the lines quoted. The last stave, occurring outside the line-internal alliteration, is normally metrically the least prominent of the four staves, and thus the word occurring at this position (e.g. "here," "lofte," etc. in the lines above) usually carries less semantic weight than other line-internal stressed words. The unrhymed alliterative long lines, therefore, have a structure opposite to that of rhymed verse, where the metrical thrust is towards the end of the line. The large element of redundancy in the b-verse is due partly to the following factors: (1) the b-verse is generally syllabically shorter than the a-verse; and (2) one of the two stresses (normally the first) must alliterate. These two metrical constraints —the relative shortness of syllabic length and the alliterative requirement—of the b-verse can be compared with those operating on the tail-rhyme line (in rhyming verse) where similar metrical restrictions—the requirement of rhyme and the syllabically shorter length of the three-stressed "tail" line—make the heavy reliance on redundant elements inevitable. Chaucer, in his *Tale of Sir Thopas*, at one point extends the tail-verse stanza to include an even shorter (one-stressed) line, a bob, and in the process demonstrates how the shortest unit in any metrical structure tends to be filled with redundant elements such as tags and words with little meaning:[7]

His steede was al dappull gray,
It gooth an ambil in the way
Ful softely and rounde
              In londe.   (B.Th 2074-7)

Here, the bob is occupied by "in londe," which is used without meaning, as a mere metrical tag, to meet the demands of rhyme (with "fonde" at 2080). This is an extreme example of "bad" tail-rhyme, as the tale can best be taken as a burlesque of Middle English romance, especially, those written in tail-rhyme stanzas. Yet, the b-verse in alliterative poetry (as the shorter unit of the line, following the longer one) shows more or less the same tendency.

In *Sir Thopas*, the tail-rhyme line and the bob are not the only positions where redundant elements are observable; in fact, they are not uncommon in the eight-syllabled, or four-stressed, lines, as in the following example:

And so bifel upon a day,
For sothe, as I yow telle may,
Sire Thopas wolde out ride.   (B.Th 1938-40)

The middle line is entirely occupied by meaningless tags ("for sothe," "as I yow telle may"), whose only rationale is to introduce, at the end of the line, the auxiliary "may" which can rhyme with "day" in the previous line. Three lines are thus devoted to a single unremarkable action: 'One day Sir Thopas wished to ride out'.

Redundancy may also take the form of repetition known as "variation": a stylistic device often encountered in Anglo-Saxon verse, where two or more half-lines may convey virtually the same idea in different words or phrases. A typical example can be found in the passage from *Sir Gawain*:

Þis kyng lay at Camylot   vpon Krystmasse
With mony luflych lorde,   ledez of þe best,
Rekenly of þe Rounde Table   **alle þo rich breþer,**
With rych reuel oryȝt   and rechles merþes.   (*SG* 37-40)

"Ledez of þe best" and "alle þo rich breþer" in the b-verses of lines 38 and 39 are restatements of "mony luflych lorde" in the a-verse of line 38. Variation is a stylistic feature observable more or less in every poem of the alliterative tradition. In the lines concerned, the technique of variation, combined with the use of "rich" and "luflych," words of lax application registering general approval, helps to create a general atmosphere of richness and abundance in Arthur's court. Yet the variation in these lines appears to have little other aesthetic purpose.

With regard to variation, however, Burrow suggests its potential for artistic expression, arguing, in his discussion of *St Erkenwald*, that the technique of variation, whose origin is in Anglo-Saxon poetry, functions in the poem to emphasize certain significant elements of the narrative.[8] But he appears to suggest that the device of variation is given no such "strong emphasizing function" in *Sir Gawain*.[9]

I believe, however, that the *Gawain* poet does use the technique of variation for a similar emphasizing purpose. Moreover, to create a highly tense and dramatic effect at significant points in his narrative, he combines the technique with his unconventional treatment of some other aspects of alliterative verse: alliteration, the b-verse and the last stave. The poet's handling of alliteration is characterized and distinguished from that of most other alliterative poets by his occasional diversion from the standard *aa/ax* alliterative pattern,[10] and his use of alliteration as a marker of the semantic weight and contextual significance of a word.[11] Also of exceptional ingenuity is his treatment of the b-verse and the last stave (normally the least significant elements of the line).[12] Accordingly, in the rest of the article, I shall examine the ways in which the *Gawain* poet exploits, together with alliteration and the last stave, redundancies such as variation and stock prepositional phrases in order to create subtlety and dynamism in his narrative.

The poet's artistry of variation is illustrated, for instance, by the following lines, which describe Gawain's preparations for his departure from the castle to the Green Chapel. Gawain puts on, besides his armor, the supposedly life-saving girdle, which he has received from the Lady of the castle:

> ȝet laft he not **þe lace, þe ladiez gifte,**
> Þat **forgat** not **Gawayn** for **gode** of hymseluen.
> Bi he hade belted þe bronde vpon his balȝe haunchez,
> Þenn dressed he his drurye double hym aboute,
> Swyþe sweþled vmbe his swange swetely þat knyȝt
> Þe gordel of þe grene silke, þat gay wel bisemed,[13]
> Vpon þat ryol red cloþe þat ryche watz to schewe. (*SG* 2030-6)

The a-verse of line 2030 is restated and amplified in the following three half-lines. First, the noun phrase "þe lace" in 2030a is rephrased in the following b-verse as "þe ladiez gifte." The term "gifte," occurring in the last stave, does not alliterate within the line. It is, however, given complementary alliterative emphasis by translinear alliteration with the following line.[14] This supplementary alliteration here serves to draw attention to the contextual significance of the key word "gifte." Furthermore, the alliterative link between "gifte," "forgat," "Gawayn" and "gode" serves to create, through a phonetic link, a new *semantic* correlation between these words which *syntactically* and *metrically* belong to different domains. Here, the translinear alliterative collocations function to restate, in clearer terms, the action, the agent and his motivation for that action. The restatement of the subject (i.e. the pronoun "he" in 2030a rephrased as the proper noun "Gawayn" in the next line), for instance, has a strong foregrounding effect. Also worth mention are the shades of meaning between "laft" and "forgat": the sense conveyed by the verb phrase "laft not" concentrates attention more or less on the action itself, while that of "forgat not" focuses less on the action itself than the state of mind, thus suggesting that it is *not* the fact of the *gift* and thus the Lady's decision (or obedience to it on Gawain's part) but the wish of *Gawain himself*, that he should wear the life-saving girdle, thinking her girdle to be something worth *not forgetting* for his *own* "gode."

"þe ladiez gifte" is restated as "þe gordel of þe grene silke" at line 2035, and here, too, the variation and alliteration work together to create subtle nuances. In lines 625 to 635 (which is often referred to as the "pentangle" passage), it was the pentangle that "acordez to" ('befits') Gawain because the hero, we were told, shows the knot-like perfection in his virtues. But here, it is the "gordel of þe grene silke" that "biseme[z]" him. No mention is made of the pentangle, as if it had been replaced by the Lady's gift. Quite interestingly, the key word "bisemed," which occurs outside the line-internal alliteration, echoes with "silke" in the a-verse, and this alliterative linkage inevitably creates an ironic tone—by implying that the beautiful and splendid material of "silke" suited him well, not now because his external indicates his internal beauty, but merely because he was a "gay" ('fair') knight. In this way, the combined use of variation and alliteration serves to create even stronger emphasis on the significant elements in the narrative.

Another fine example from the following passage helps to suggest how variation can be used deliberately to convey and highlight the emotional reactions of the characters. Gawain, after parting with the guide, finally comes to the point where he was told he would find the Green Chapel:

And ofte chaunged his cher   þe chapel to seche:
He seȝ non suche in no syde,   and selly hym þoȝt,   2170
Saue, a lyttel on a launde,   **a lawe as hit were;**
A balȝ **berȝ** bi a bonke   þe brymme bysyde,

Bi a forȝ of a flode　þat ferked þare;
Þe borne blubred þerinne　as hit boyled hade.
Þe knyȝt kachez his caple,　and com to þe **lawe**,　　　　　2175
Liȝtez doun luflyly,　and at a lynde tachez
Þe rayne and his riche　with a roȝe braunche.
Þenne he boȝez to þe **berȝe**,　aboute hit he walkez,
Debatande with hymself　quat hit be myȝt.
Hit hade a hole on þe ende　and on ayþer syde,　　　　　2180
And ouergrowen with gresse　in glodes aywhere,
And al watz holȝ inwith,　nobot an **olde caue**,
Or a **creuisse** of an **olde cragge**,　he couþe hit noȝt deme
　　　　　　with spelle.　(*SG* 2169-84)

From the moment the Green Knight first appeared at Arthur's court, Gawain (and the audience) have been constantly reminded of the pledge he made to the Green Knight, which requires him to seek out the place called the Green Chapel and receive a return blow. As the Green Chapel has been always referred to either as the "Green Chapel" or a "chapel," Gawain (and the audience) have naturally come to expect that the climax of the story will take place at a chapel of some kind. In fact, as the story approaches its climax, the poet appears to be reconfirming this point, with a double reference to the "chapel," first at 2147 (where the guide says "And þou schal se in þat slade þe self chapel") and again at 2169 ("And ofte chaunged his cher　þe chapel to seche"). But what Gawain sees ahead is nothing but a "lawe" ('mound'). The position of this word after the preposition ("saue") is postponed until the b-verse so that climactic emphasis is given to the mound-like object that the hero—with puzzlement and disappointment—recognizes: for the Green Chapel is not, after all, a real chapel at all. Not only is it not a real chapel, it is not at all remarkable, and thus not the sort of place where Gawain had been expecting to face his—apparently—remarkable and suprahuman adversary who, at Arthur's court, had miraculously survived his well-aimed blow. The word "lawe" is repeated and defined more precisely in the following a-verse as a "balȝ berȝ" ('barrow with round smooth surface') (2172a). "Lawe" (2171b, 2175b) and "berȝ(e)" (2172a, 2178a) are used in reference to the "chapel" until Gawain has a full view of the place and realizes that it is "nobot an olde caue" (2182b).

The revelation is gradual, but nonetheless startling. The poet takes trouble to underline the "time-wornness" of the cave by repeating the adjective "olde" twice, first in "olde caue" and second in "olde cragge." There is a particular aptness in the selection of the word "olde" rather than its synonym "auncian," which the poet could, but does not, use: the term "auncian," restricted in reference in this poem to Morgan alone (e.g. 948, 1001, 2463), connotes a sense of awe and respect on the part of the viewer towards the viewed, whereas the term "olde" does not.[15] The emphasis created by translinear alliteration, which produces a phonetic link across the line boundary between "caue," "creuisse" and "cragge," focuses attention onto these words and their semantic correlation. This translinear alliteration also serves to bestow supplementary alliterative prominence on the key word "caue," which does not alliterate line-internally, and which, again, shows the operative information—again, in the form of adjective-noun phrase as was "þe ladiez gifte" above—coming in the b-verse. Variation, repetition and translinear alliteration work in conjunction to convey the deflation of Gawain's expectation, his embarrassment and the sense of anti-climax at the sight of the desolate place that has no resemblance to a chapel.

The climax of this poem is the final meeting of Gawain and the Green Knight at the Green Chapel. This section involves two revelations, in which the poet's sensitive and careful handling of b-verse and redundant elements manifests itself most conspicuously. The next lines are from the First Revelation, in which the Green Knight tells Gawain that he was in fact the lord of the castle, and that he not only knew about all the visits of his wife to Gawain but himself planned them to test Gawain's *trawþe* ('truth') or *lewté* ('loyalty') —both very much key terms in the poem:

> 'For hit is **my wede** þat þou werez,   **þat ilke wouen girdel**,
> Myn owen wyf hit þe weued,   **I wot wel for soþe**.
> Now know I wel þy cosses,   and þy costes als,   2360
> And þe wowyng of my wyf: **I wroȝt hit myseluen**.
> I sende hir to asay þe,   and sothly me þynkkez
> On þe fautlest freke   þat euer on fote ȝede;
> As perle bi þe quite pese   is of prys more,
> So is Gawayn, in god fayth,   bi oþer gay knyȝtez.   2365
> Bot here yow lakked a lyttel, sir,   **and lewté yow wonted**;
> Bot þat watz for no wylyde werke,   ne wowyng nauþer,
> Bot for ȝe lufed your lyf;   **þe lasse I yow blame**.'
> Þat oþer stif mon in study   stod a gret whyle,
> So agreued **for greme**   he gryed withinne;   2370
> Alle þe blode of his brest   blende in his face,
> Þat al he schrank **for schome**   þat þe schalk talked.
> **Þe forme worde vpon folde   þat þe freke meled.**   (*SG* 2358-73)

In this passage, particularly important statements tend to occur in the b-verse, such as: indications of the Green Knight's own involvement in the tricks (2359 "I wot wel for soþe," 2361 "I wroȝt hit myseluen"); the specification of Gawain's fault as an all-important lack of *lewté* ('loyalty') (2366 "and lewté yow wonted"); and the Green Knight's judgment on his partial failure (2368 "þe lasse I yow blame"). Furthermore, these b-verses all constitute independent clauses, and are preceded, especially at 2361 and 2368, by an unusually heavy syntactic break. Here again the poet is reversing the normal semantic and syntactic pattern of the two half-lines and placing the most significant information in the b-verse. This practice may be the poet's attempt to reflect the implications of the scene as a "Revelation": the end does not necessarily confirm the beginning, or, as the poet himself puts it, "þe forme to þe fynisment foldez ful selden" (499). The passage confirms this comment, in that the end of Gawain's adventure does not confirm the expectations that he had at the beginning, and the truth of what was going on is only here at the end revealed. The meter reflects this feature of "end-revelation," in that the b-verse "reveals," and does not fit into the expected semantic pattern of the two half-lines.

The first two lines again testify to the poet's exploitation of variation. The phrase "my wede" is restated in the b-verse as "þat ilke wouen girdle"; but "my wede" is not completely obvious in its reference, since the term can be used of any item of apparel. Yet the unclear reference of the term has the effect of anticipating, and thereby giving more emphasis to, the b-verse, which specifies it as the Lady's girdle. Although the b-verse of the second line (2359) contains two apparently redundant elements, the monosyllabic emphasizer "wel" and the truth-tag "for soþe," these serve to reiterate the Green Knight's complete knowledge of Gawain's dealings with the Lady. This point is re-emphasized in the following a-verse, with "Now know I wel ...." The emphatic pronominal "myseluen" in the b-verse of line 2361 is pertinent, too, serving to underline the speaker's complete control over the tricks at the castle. Such minor elements and tags would normally be metrical necessities but semantic redundancies; but here they are also semantically an integral part of the total significance of the passage.

In line 2366, the a-verse ("Bot here yow lakked a lyttel, sir") has the effect of anticipating the b-verse, which unveils what it is that Gawain was actually lacking. The key word "wonted" ('was lacking') does not alliterate line-internally, but its contextual significance is signaled by supplementary trans-linear alliteration.

The last five lines (2369-73) give a precise description of Gawain's reaction to the preceding speech by the Green Knight, and serve to convey the time and effort that Gawain needed before he became capable of any *verbal* reaction. Particularly striking is the detailed account of Gawain's *non-verbal* reaction before his first utterance. The first four lines (2369-72) form a two-line pair; the lines describing Gawain's inner state (2370, 2372) are in both cases preceded by those describing his physical condition (2369, 2371). Here, every word contributes to the concise but forceful expression. Phrases like *in/for greme* and, particularly, *for schome* are at times used almost without meaning, as a mere metrical convenience. Typical examples occur in *The Destruction of Troy*: "Mony grekes *in þere gremy* gird on the hed" (4754), and "I will shunt *for no shame* of my shene fader" (600). But, because Gawain's "greme" and "schome" are supported and demonstrated by the changes in his outer appearance, these words come to carry real force, and convey his inner state with precision and vividness. The phrase "stif mon" is more or less a stock phrase used of anyone with boldness and fearlessness. In this particular instance, however, the audience or reader cannot help seeing irony: for Gawain, though brave enough to turn up at the appointed place to receive the return blow from the Green Knight, has nevertheless failed to give over the life-saving girdle for fear of losing his own life.

Also worth mention is the term "forme" ('first'), which occurs at line 2373. The meaning is normally expressed in ME by *fyrst*, and the poem presents nine instances of that word used as an adjective or a noun (e.g. 54, 116, 135, 224, 290, 1072, 1150, 1443, 2347[16]). The poet normally uses *fyrst*, frequently at a non-alliterating position, when it does not carry any special emphasis, as in "And I schal bide þe fyrst bur as bare as I sitte" (290). There are just two instances of "forme" throughout the poem (the other instance occurs in line 499, "þe forme to þe fynisment foldez ful selden"); and there and here at 2373 the word is charged with full meaning, and alliteration appropriately signals its considerable semantic relevance in the context. Thus, the selection of the term "forme" rather than the more common *fyrst* in these two instances suggests that the poet treats alliteration as a way of bestowing emphasis on a word with contextual significance, when he has means and choice to do so. The stock phrase "vpon folde" ('on earth') is typically used as a mere metrical filler to satisfy alliterative and/or rhythmic demands, but here it has two *non*-metrical functions: it has a pictorial effect (Gawain is standing on the ground before the Green Knight); and it produces a rhetorical emphasis ('the first words on earth', 'the first words in the world'). His speech is announced, not with less emphatic words like *quod* or *said*, which are the most common way of introducing speech in Middle English alliterative poetry, but with the term "meled," which derived from OE *mǣlan*. This OE verb was a poetic word—that is, it occurred only or mainly in poetical texts. The ME derivative "meled" is normally used only as an alliterative alternative to *sayd(e*. Interestingly, it is here "meled," and not *sayd(e,* that occurs at the non-alliterating last stave, though the latter, with a sounded final -*e*, also becomes a viable option for the line-terminal position, which ends, in *Sir Gawain*, nearly always with an unstressed syllable.[17] This, in turn, suggests that the term is selected for its own sake; that is, the poet draws on the poetic status of ME "meled" to create a slightly archaic and formal tone, appropriate for a speech with great emotional tension.

The next lines are taken from the Second Revelation, in which the Green Knight tells Gawain that Morgan, the plotter of all the tricks, is in fact the old lady whom Gawain had met at the castle, and that she is Arthur's half-sister and also Gawain's aunt:

'Þat is **ho** þat is at home,   **þe auncian lady**;   2463
Ho is euen **þyn aunt,   Arþurez half-suster,**
. . . .
Make myry in my hous;   my meny þe louies,   2468
And I wol þe as wel,   wyȝe, bi my faythe,
As any gome vnder God   **for þy grete trauþe.'**   2470

(*SG* 2463-4, 2468-70)

Variation here relates the b-verse of the first line and the whole of the second line to the a-verse of the first line. Here, too, the poet's amplifications and alliterative collocations are controlled by a strong relation to the context. "Ho þat is at home" is restated as "þe auncian lady" in the following b-verse, and in the next line, her identity is made even clearer, first by the phrase "þyn aunt" and second by "Arþurez half-suster." The elements in the first two lines are carefully arranged so that each variation is more revealing than the one preceding, the last one unveiling a fact which is most pertinent to Gawain: for his self-esteem, as Gawain himself has said, comes only from the fact that Arthur is his uncle ("Bot for as much as ȝe ar myn em   I am only to prayse, / No bounté bot your blod   I in my bodé knowe," 356-7). In this sense, the variation in this passage functions as a development, a transformation even, of the original element.

The last three lines, too, illustrates the poet's ingenious, yet unobtrusive, use of the normally insignificant elements of the verse. The b-verse of line 2469 ("wyȝe, bi my faythe") is filled with a truth-tag, and the following a-verse ("As any gome vnder God") is similarly an intensifier, which itself contains another tag, "vnder God" ('on earth'). These two half-lines, however, serve to postpone the most significant statement in the Green Knight's speech to its very end. Moreover, they are not used as mere metrical fillers: they have a strong emphasizing function, which is also only appropriate in this context. Through the intensifier, tags and the placement of operative information in the b-verse, the poet can give the utmost emphasis to the last words from the Green Knight, expressing his admiration for Gawain's "grete trauþe."

The potential of alliteration is exploited to the full by the *Gawain* poet, who uses alliteration, not only as a structural principle, but also as a means to signal the contextual importance of a word. When such a word occurs at a non-alliterating position (as does "wonted" at 2366 above), the poet attempts to give, where he could, complementary alliterative prominence by way of supplementary alliteration, which frequently crosses the line boundary. Traditional metrical necessities but semantic redundancies of alliterative verse —b-verses, stock phrases and tags, and variation—can be transformed by the skilful poet into means by which he can achieve various effects such as strong foregrounding and irony. His skill lies in the flexibility and sophistication with which he handles stylistic and metrical devices, and combines them variously, often across the line, to achieve the appropriate narrative effect. In light of this, the deployment of his meter by this imaginative poet may be better understood by considering sequences of lines rather than isolated ones. And I hope this essay has served to demonstrate that *Sir Gawain* is indeed one of the works that most clearly illustrate the way in which meter is interwoven with context and meaning.

Notes

(1) For my present discussion, I have taken many hints from the study by J. A. Burrow on redundancy in *St Erkenwald*: "Redundancy in Alliterative Verse: *St Erkenwald.*" *Individuality and Achievement in Middle English Poetry,* ed. O. S. Pickering (Woodbridge: D. S. Brewer, 1997), 119-128. Part of the present essay also appeared in N. Inoue, "The Exploitation of Meter for Stylistic Purposes in

the Three Alliterative Poems of the Cotton Nero Manuscript," *POETICA* 58 (2002): 77-96.

(2) All the lines from *Sir Gawain* that I quote in this article are from *Sir Gawain and the Green Knight*, eds. J. R. R. Tolkien and E. V. Gordon, 2nd edn., rev. Norman Davis (Oxford: Oxford UP, 1967). I placed space between the two verses of the quoted lines to indicate a caesural break.

(3) Since my present discussion is focused on the alliteration and the style of *Sir Gawain*, little mention is made here of the rhythmic aspect of alliterative verse. Thanks to H. N. Duggan's important studies, however, we now have a clearer understanding of the rhythmic rules governing the structure of the b-verse. In light of the increasing acceptance of his b-verse rules, a fresh examination of the metrical structure of the a-verse is in order. I have elsewhere discussed the rhythmic shape of the a-verse and proposed metrical rules operating in the a-verse; for Duggan's b-verse rules, see H. N. Duggan, "The Shape of the B-Verse in Middle English Alliterative Poetry," *Speculum* 61 (1986): 564-92; for discussions on the a-verse rules, see H. N. Duggan, "Extended A-Verses in Middle English Alliterative Poetry," *Parergon*, ns., vol. 18, No. 1 (2000): 53-76; N. Inoue, "A New Theory of Alliterative A-Verses," *The Yearbook of Langland Studies* 18 (2004).

(4) J. A. Burrow, *Ricardian Poetry* (Harmondsworth: Penguin, 1992), 26.

(5) D. Lawton, "*The Destruction of Troy* as Translation from Latin Prose: Aspects of Form and Style," *Studia Neophilologica* 52 (1980): 264.

(6) The passage is quoted from: *The "Gest Hystoriale" of the Destruction of Troy*, eds. G. A. Panton and D. Donaldson, EETS, o.s., vols. 39, 56 (London: John Childs, 1869, 1874).

(7) G. Chaucer, *The Riverside Chaucer*, gen. ed. L. D. Benson (Oxford: Oxford UP, 1987).

(8) J. A. Burrow, "Redundancy," 128.

(9) *Op. cit.*, 128: "It might be an interesting exercise to consider whether the same is true, as I believe it is not, in the richer and more ample texture of *Sir Gawain and the Green Knight*."

(10) For full discussion on non-aa/ax alliterative patterns in *Sir Gawain*, see N. Inoue, "The A-Verse of the Alliterative Long Line and the Meter of *Sir Gawain and the Green Knight*," Unpublished Ph. D diss., U of Bristol, 2002, 20-47.

(11) I have elsewhere demonstrated the ways in which the poet exploits alliteration for stylistic purposes, using it as a means to signal the contextual importance of a word; see Inoue, "The A-Verse," 254-94.

(12) For the exploitation of the b-verse and the last stave by the *Gawain* poet, see also Inoue, "The Exploitation," 77-96.

(13) N. Davis takes "þat gay wel bisemed" as a relative clause ('which well suited that handsome man') with a subject relative omitted; see note to this line on p. 102 in his edition.

(14) For full discussion on translinear (supplementary) alliteration in *Sir Gawain*, see Inoue, "The A-Verse," 256-261. For translinear alliteration in *Cleanness*, see N. Inoue, "Function and Effects of the Alliterative Metre in *Cleanness*," Unpublished MA diss., U of Bristol, 1998, 18-21.

(15) J. A. Burrow also discusses the poet's colloquial use of *old* in the poem, and suggests the possibility of "olde" at lines 2182 and 2183 carrying a depreciating colloquial sense (as recorded in *OED* sense 3); see J. A. Burrow, *A Reading of Sir Gawain and the Green Knight* (London: Routledge & Kegan Paul, 1965), 69-70, 122-3.

(16) The statistics exclude numerous other instances of *fyrst* occurring as an adverb or forming the stock prepositional phrase, (*vp*)*on fyrst*; see 9, 301, 359, 379, 491, 528, 568, 640, 1422, 1477, 1592, 1607, 1934, 1960, 2015, 2019, 2227, 2345, 2394, 2524.

(17) See, for instance, *SG* 1821b ("and **r**edyly he sayde"), 1933b ("and **g**oudly he sayde"), 2126b, 2299b, 2337b, 2389b, etc. in which "sayde" occurs at the line-final position, with a sounded final -*e*. For feminine line endings in the *Gawain*-poet's works, see A. Putter and M. Stokes, "Spelling, Grammar and Metre in the Works of the Gawain-Poet," *Parergon* ns. vol. 18 no. 1 (2000): 87-95.

Works Cited

Burrow, J. A. *A Reading of Sir Gawain and the Green Knight*. London: Routledge & Kegan Paul, 1965.

⎯⎯⎯⎯. *Ricardian Poetry: Chaucer, Gower, Langland and the Gawain-Poet*. Hermondsworth: Penguin, 1992.

⎯⎯⎯⎯. "Redundancy in Alliterative Verse: *St Erkenwald*." *Individuality and Achievement in Middle English Poetry*. ed. O. S. Pickering. Woodbridge: D. S.

Brewer, 1997.

Chaucer, G. *The Riverside Chaucer*. gen. ed. L. D. Benson. Oxford: Oxford UP, 1987.

Duggan, H. N. "The Shape of the B-Verse in Middle English Alliterative Poetry." *Speculum* 61 (1986): 564-92.

──────────. "Extended A-Verses in Middle English Alliterative Poetry." *Parergon* ns. vol. 18 No. 1 (2000): 53-76.

The "Gest Hystoriale" of the Destruction of Troy. eds. G. A. Panton and D. Donaldson. EETS. o.s. vols. 39, 56. London: John Childs, 1869, 1874.

Inoue, N. "Functions and Effects of the Alliterative Metre in *Cleanness*." Unpublished MA diss. U of Bristol, 1998.

──────────. "The A-Verse of the Alliterative Long Line and the Metre of Sir *Gawain and the Green Knight*." Unpublished Ph.D diss. U of Bristol, 2002.

──────────. "The Exploitation of Meter for Stylistic Purposes in the Three Alliterative Poems of the Cotton Nero Manuscript." *POETICA* 58 (2002): 77-96.

──────────. "A New Theory of Alliterative A-Verses." *The Yearbook of Langland Studies* 18 (2004).

Lawton, D. "*The Destruction of Troy* as Translation from Latin Prose: Aspects of Form and Style." *Studia Neophilologica* 52 (1980): 259-70.

Oakden, J. P. *Alliterative Poetry in Middle English*. 2 vols. Manchester: Manchester UP, 1930, 1935.

Putter, A. and Stokes, M. "Spelling, Grammar and Metre in the Works of the *Gawain*-Poet." *Parergon* ns. vol. 18 No. 1 (2000): 77-96.

Sir Gawain and the Green Knight. eds. J. R. R. Tolkien and E. V. Gordon. 2nd edn. rev. Norman Davis. Oxford: Oxford UP, 1967.

How a Line Begins in Middle English Metrical Romances

Mitsunori Imai

1. The purpose of this study*

It has been pointed out that Middle English metrical romances draw more or less on oral traditions.[1] To complete a verse line the composers of the romances use a variety of devices, such as metre, rhyme, special words and phrases (some of which are known as formulas and "tags"). And most studies of Middle English romances dealing with metre and rhyme naturally tend to concentrate attention towards the ends of the lines. This paper, however, discusses how a line begins in Middle English metrical romances. It is easy to understand how a word or a phrase in line-final position makes a stronger impression on the audience. But if we take oral elements into consideration, it is conceivable that the line-initial position should also have a marked impact on the listener, for something may be resolved at the end of the line with a pause. And a new line begins afresh after the pause, charged possibly with some expectation on the part of the audience. As we shall see, statistical data from individual romances will show what words and phrases tend to be used in that initial position and how some of them are repeated and what stylistic effects they can have in the stream of a narrative.

The purpose of this study is (1) to provide some basic data concerning the words and phrases with which verse lines begin in Middle English metrical romances, and (2) to inquire into whether or not the way the line begins has anything to do with stylistic effects, and if it does, in what way.

1.1 The texts investigated

The following six romances in French and Hale (1930; reissued 1964) have been used in this study.[2] (Titles abbreviated as in the parentheses.)

1. *King Horn*, ca.1225, South-western or South Midland. 1530 lines. (The Cambridge University MS)
2. *Havelok the Dane* (*Havelok*), ca. 1280-1300, Northeast Midland. 3001 lines in four-stress couplets.
3. *Athelston*, ca.1355-80, East Midland. 812 lines, in 75 stanzas consisting of four-stress couplets linked by a recurrent three-stress tail-rime.
4. *Sir Orfeo* (*Orfeo*), beginning of 14th century, Southeast or possibly Westminster-Middlesex. 602 lines, 301 short couplets.
5. *Emaré*, ca.1400, Northeast Midland. 1035 verses, or 86 twelve-line stanzas.
6. *Sir Launfal* (*Launfal*), later 14th century, South-eastern. 1044 verses, or 87 twelve-line stanzas.

Of these six romances, the first three (*King Horn, Havelok the Dane, Athelston*) belong to the so-called "Matter of England," and the other three (*Sir Orfeo, Emaré, Sir Launfal*) to the "Matter of Britain."

2. Lists of 50 most frequently used word-forms

By using a concordance programme of my own making, I have made a list of 50 most frequently used word-forms[3] for each of these romances, and from each of the lists I have extracted only the items that are pertinent to our discussion and placed them in Tables 1-7 below, each with following seven Columns:

A: indicates the ranking of the 50 most frequently used word-forms that are used

in the particular romance.
B: if checked, indicates the word-form is a personal name.
C: the word-form (not lemmatized): a word-form is the form of a word as it appears in the text. For example, "go" and "goes" are two word-forms. In these lists they are not lemmatized under one entry.
D: total number of the occurrences of the word-form.
E: total number of the occurrences in line-initial position.
F: the occurrences of the word-form in line-initial position (normalized to the standard of 3000 lines, which is roughly the length of *Havelok*, the longest of the romances investigated).
G: percentage of the occurrences in line-initial position out of the total occurrences of the word-form.

A full list of 50 most frequently used word-forms is given as Appendix at the end of this article.

3. Special features in *King Horn*

3.1 Personal names

From these lists of the most frequently used word-forms, it is clearly observed that *King Horn* is rather different from the others in two points: (1) the unusually frequent use of personal names, with an exceptionally rich variety,[4] and (2) the unusually frequent use of the conjunction *and* in line-initial position. I will focus on these two outstanding points in *King Horn* and discuss them a little further in detail. Here it must be made clear that no lemmatization has been carried out in these lists, so that the frequency given in these lists is by no means decisive. The first point (1) will be seen more clearly in Tables 1-4, which have been extracted from the lists of 50 most frequently used word-forms.

Table 1: *Horn*

A	B	C	D	E	F	G
2	x	HORN	158	86	*172*	54.4
11	x	RYMENHILD	51	27	*54*	52.9
20	x	AÞULF	27	15	*30*	55.6
35	?	CRIST	16	8	*16*	50.0
46	x	AÞELBRUS	9	6	*12*	66.7
47	x	FIKENHILD	8	6	*12*	75.0
49	x	CUTBERD	7	6	*12*	85.7

Table 2: *Havelok*

A	B	C	D	E	F	G
14	x	HAUELOK	79	31	*31*	39.2
45	x	GRIM	39	8	*8*	20.5
46	?	LOUERD	39	8	*8*	20.5

Table 3: *Emaré*

A	B	C	D	E	F	G
46	x	EMARÉ	11	3	*9*	27.3

Table 4: *Launfal*

A	B	C	D	E	F	G
6	x	LAUNFAL	97	30	*86*	30.9
35	x	GYFRE	13	6	*17*	46.2

What is striking about *King Horn* is the unusually frequent use of personal names in line-initial position. In *King Horn* there are 15 characters in all, of which as many as seven appear in the 50 most frequent word-form list. (It may need some discussion whether or not "CHRIST" should be included in the list.) "CUTBERD" in Table 1 is a false name which Horn assumes while he stays in Ireland. The six characters ("CHRIST" excluded) are the central figures in this poem. These names are placed at line-initial position in unusually higher percentages than in the other works investigated.

On the other hand, in *Havelok the Dane* so many as 21 characters are entered. But it is only three of them that appear in Table 2 (or only two if "LOUERD" (which means Lord) is excluded). In this long poem (consisting of 3001 lines), it is unbelievable that the names of the heroine and other major characters are very sparingly used at the line-head. This difference between *King Horn* and the other romances may have something to do with the way characterization is achieved. It is possible that the different manners of description and story-telling have affected the use of the names of the characters.

3.1.1 Reasons for the frequent use of personal names in *King Horn*

Severs (1967, p. 20) comments on the artistry of *King Horn* as follows: "Whatever its source, *King Horn* is artistically most successful. The well-knit plot is managed with an exemplary economy seldom displayed by English romances... it matches the comparable achievement of the Norse sagas." McKnight (1901, p. xx) says, "The movement is direct, and the imagery very simple and popular." From syntactic and stylistic points of view it is possible to add that the descriptions and narrations in *King Horn* are strikingly brief and succinct, and therefore, powerful. This may partly be due to the verse form of this poem, in which "many lines resemble Old English half-lines" (Dunn 1967, p. 28). It can also be said that the manner of description and the style of story-telling are reflected on the use of the names of the characters: A brief and succinct style and the speed of plot development may well be one of the reasons for the high frequency of the personal names in *King Horn*.

3.1.2 How the passages begin in *King Horn*

In a story such as *King Horn*, one of the characteristics of which is the quick movement of the plot, the frequent use of names is often necessary to keep the plot clear (or cohesive). In this connection it is worth noting that a personal name placed at the line-head is very often used to start a new passage.

309 A þulf sede on hire ire
     ....
     ....

321 Rymenhild hire biwente,
     ....
     ....

333 A þelbrus in a stunde
     ....
     ....

353 Rymenhild ȝef he cute
     ....
     ....

367 Aylbrus wende hire fro;
     ....
     ....

  (emphasis mine)

These lines open new passages in a row, each with a line-initial personal name. (Needless to say, in between these lines there can be lines which begin with a line-initial personal name within a passage.)

3.1.3 Personal names not exactly in line-initial position

Mention should be made of the personal names used not exactly in line-initial position, but used very close to the line head. This use of names has practically the same stylistic effect as those placed at the line-initial. Here are some examples of the name Horn used practically at line-initial position preceded only by one word or two (mainly conjunction or preposition).

115	/ At th⁺e furste worde. / Ofte hadde	Horn	beo wo, / Ac neure wurs th⁺an him was
118	/ Th⁺e se bigan to flowe, / And	Horn	child to rowe; / Th⁺e se th⁺at schup so
125	/ Til hit sprang dai-lig⁺t, / Til	Horn	sag⁺ on th⁺e stronde / Men gon in th⁺e
220	/ Hom rod Aylmar th⁺e Kyng / And	Horn	mid him, his fundling, / And alle his
279	/ Gret wunder him th⁺ug⁺te, / Abute	Horn	th⁺e g⁺onge / To bure for to bringe. /
312	/ "Th⁺i tale nu th⁺u lynne, / For	Horn	nis nog⁺t herinne. / Ne beo we nog⁺t
317	Th⁺ane eni man th⁺at libbe: / Th⁺eg⁺	Horn	were vnder molde / Oth⁺er elles wher he
339	/ Bringe th⁺e Horn to honde. / For	Horn	is fair and riche, / Nis no whar his
343	Kyng, / Dude him on mi lokyng; / G⁺ef	Horn	were her abute, / Sore y me dute /
351	th⁺i tene, / Lefdi, my Quene, / And	Horn	ihc schal th⁺e fecche, / Wham so hit
525	hire th⁺ug⁺te seue g⁺er: / After	Horn	heo sente, / And he to bure wente. /
594	/ Th⁺e fole bigan to springe, / And	Horn	murie to singe. / Horn rod in a while /
612	/ Th⁺o gunne th⁺e hundes gone / Abute	Horn	alone: / He lokede on th⁺e ringe, / And
932	/ Ath⁺ulf hit dude write, / Th⁺at	Horn	ne luuede nog⁺t lite. / Heo sende hire
1005	lig⁺te, / Irisse men to fig⁺te. / To	Horn	come inog⁺e / Th⁺at to schupe drog⁺e. /
1051	/ And th⁺at is muche deole." / Quath⁺	Horn,	"So Crist me rede, / We schulle
1096	/ He seg⁺ th⁺e se flowe / And	Horn	nowar rowe. / He sede vpon his songe, /
1113	/ Alle dronken of th⁺e ber, / Bute	Horn	alone / Nadde th⁺erof no mone. / Horn
1165	/ A ring igrauen of golde / Th⁺at	Horn	of hure hadde; / Sore hure dradde /
1167	hadde; / Sore hure dradde / Th⁺at	Horn	isterue were, / For th⁺e ring was
1193	/ "Herte, nu th⁺u berste, / For	Horn	nastu namore, / Th⁺at th⁺e hath⁺ pined
1200	both⁺e / In th⁺at vlke nig⁺te, / If	Horn	come ne mig⁺te. / To herte knif heo
1202	/ To herte knif heo sette, / Ac	Horn	anon hire kepte. / He wipede th⁺at
1226	heo sede, "be blith⁺e, / And to	Horn	th⁺u go wel swith⁺e: / He is vnder wude
1231	/ For th⁺e tith⁺inge: / After	Horn	he arnde anon, / Also th⁺at hors mig⁺te
1324	reue, / To kepe th⁺is passage / Fram	Horn	th⁺at is of age, / Th⁺at wunieth⁺

In these examples, the hero's name Horn, preceded by *If, Ac, And, After, To, That*, etc., at line-initial position, performs practically the same function that we have been discussing.

We must be careful about what we have observed above, however. For personal names are sometimes very effectively used in positions other than initial. Here is an example.

> In þe curt and vte,
> And elles al abute,
> Luuede men Horn child,
> And mest him louede Rymenhild,
> Þe Kynges oʒene doʒter,
> He was mest in þoʒte;
> Heo louede so Horn child (*King Horn*, 245-51)
> (emphasis mine)

The personal name Rymenhild (248) is used as the subject of the sentence and placed at the end of the line. This deterred placement of the subject sharpens the curiosity on the part of the audience, concerning who it was that loved Horn child most. If it stood in line-initial position, there would be no such periodic effect.

3.2   Frequent use of conjunction *and* in *King Horn*

Equally striking in *King Horn* is the use of the conjunction *and*. If we bring the conjunctions into focus, *and* is always the most frequent, and next comes *for*, followed by *but*. The conjunction *and* seems to be the most frequently used word in almost all writings in English of any date. The three conjunctions appear in the same ranking order, for instance, in Chaucer,[5] the Alliterative *Morte Arthure*,[6] and the six tail-rhyme romances that Reichl and Sauer concorded in their concordance given in the bibliography at the end.

In comparison with the conjunctions *and* and *for*, *but* appears much less frequently, though in all the six romances *but* is used with high frequency, as shown in Column G, in Tables 5-7.

Table 5: *and*

	A	B	C	D	E	F	G
Horn	1		AND	256	206	*412*	80.5
Havelok	1		AND	893	448	*448*	50.2
Athelston	1		AND	198	118	*437*	59.6
Orfeo	1		AND	228	138	*687*	60.5
Emaré	1		AND	314	172	*499*	54.8
Launfal	1		AND	279	138	*396*	49.5

Table 6: *for*

	A	B	C	D	E	F	G
Horn	8		FOR	72	39	*78*	54.2
Havelok	5		FOR	176	95	*95*	54.0
Athelston	6		FOR	41	20	*74*	48.8
Orfeo	7		FOR	18	13	*65*	72.2
Emaré	7		FOR	46	30	*87*	65.2
Launfal	10		FOR	51	22	*63*	43.1

Table 7: *but* (*ac*)

	A	B	C	D	E	F	G
Horn	29		BUTE	12	10	*20*	83.3
Havelok	8		BUT	63	54	*54*	85.7
Athelston	23		BUT	10	8	*30*	80.0
Orfeo	10		BOT	14	11	*55*	78.6
Orfeo	11		AC	11	11	*55*	100.0
Emaré	26		BUT	8	7	*20*	87.5
Launfal	16		BUT	19	15	*43*	78.9

3.2.1 Different functions of *and* in different positions in the line

In *King Horn* the conjunction *and* is used in line-initial position with 80.5% in Column G in Table 5. What difference is there between its use in the initial

146

position and in other positions? Here are sample concordance lines from *King Horn*. These are the instances of *and* that do not stand at the line head.

16a	was his colur. / [He] [was] [fayr]	[and]	[eke] [bold], / [And] [of] [fiftene]
93	th⁺at is wel isene; / Th⁺u art gret	and	strong, / Fair and euene long; / Th⁺u
94	/ Th⁺u art gret and strong, / Fair	and	euene long; / Th⁺u schalt waxe more / Bi
102	Th⁺aruore th⁺u most to stere, / Th⁺u	and	th⁺ine ifere; / To schupe schulle g⁺e
123	/ Of here lif to misse, / Al th⁺e day	and	al th⁺e nig⁺t / Til hit sprang
149	with⁺ering, / Th⁺at ihc am hol	and	fer / On th⁺is lond ariued her: / And
154	children g⁺ede to tune, / Bi dales	and	bi dune. / Hy metten with⁺ Almair King,
181	/ And duden hem of lyue. / Hi slog⁺en	and	todrog⁺e / Cristene men inog⁺e. / So
187	th⁺e se to pleie, / Dai hit is igon	and	oth⁺er, / With⁺ute sail and roth⁺er: /
188	is igon and oth⁺er, / With⁺ute sail	and	roth⁺er: / Vre schip bigan to swymme /
191	brymme. / Nu th⁺u mig⁺t vs slen	and	binde, / Ore honde bihynde; / Bute g⁺ef
208	Horn, th⁺u go wel schulle / Bi dales	and	bi hulle; / Horn, th⁺u lude sune, / Bi
210	/ Horn, th⁺u lude sune, / Bi dales	and	bi dune; / So schal th⁺i name springe /
230	lere / Of th⁺ine mestere, / Of wude	and	of riuere, / And tech him to harpe /
240	underuonge, / And tech him of harpe	and	songe." / Ailbrus gan lere / Horn and
242	songe." / Ailbrus gan lere / Horn	and	his yfere: / Horn in herte lag⁺te / Al
245	th⁺at he him tag⁺te. / In th⁺e curt	and	vte, / And elles al abute, / Luuede men
314	we nog⁺t iliche: / Horn is fairer	and	riche, / Fairer bi one ribbe / Th⁺ane
339	Horn to honde. / For Horn is fair	and	riche, / Nis no whar his iliche. /
389	him no man teche. / "Wel th⁺u sitte	and	softe, / Rymenhild th⁺e brig⁺te, / With⁺
558	th⁺i luue, in th⁺e felde / Mid spere	and	mid schelde. / If ihc come to lyue, /
636	men, / To-dai for to pine / Th⁺e	and	alle th⁺ine. / Hi gonne me assaille: /
665	cheose." / "Crist," quath⁺ Horn"	and	Seint Steuene / Turne th⁺ine sweuene. /
670	I schal me make th⁺in owe / To holden	and	to knowe / For euerech oth⁺ere wig⁺te, /
704	/ Aylmar ag⁺en gan turne / Wel modi	and	wel murne: / He fond Horn in arme / On
748	me ne forsoke: / Rymenhild th⁺u kep	and	loke." / His stede he gan bistride, /
879	sturne, / Hi gunne awei vrne; / Horn	and	his compaynye / Gunne after hem wel
1013	into Westernesse. / Hi strike seil	and	maste / And ankere gunne caste, / Or eny
1070	/ Horn bad vndo softe / Mani tyme	and	ofte, / Ne mig⁺te he awynne / Th⁺at he
1085	Ase heo were of witte, / Sore wepinge	and	g⁺erne: / Ne mig⁺te hure no man wurne. /

As these concordance lines show, the conjunction *and* used in the positions other than line-initial, connects words or phrases. It seldom connects clauses, as does the conjunction placed at the head of a line. Thus *and* fulfils different functions depending on the positions in which it is placed. This seems to be the case more or less with the other romances investigated.

3.2.2 Reasons for the frequent use of *and* in *King Horn*

I would now like to briefly see the reasons for the frequent use of *and* in *King Horn*. Here are two short passages that well illustrate how *and* is actually used in *King Horn*.

> Twelf feren he hadde
> Þat [he] alle wiþ him ladde.
> Alle riche mannes sones,
> And alle hi were faire gomes,
> Wiþ him for to pleie,
> And mest he luuede tweie;
> Þat on him het Haþulf child,
> And þat oþer Fikenild.
> Aþulf was þe beste,
> And Fikenylde þe werste.   (*King Horn*, 19-28)
> (emphasis mine)

> He axede what hi soȝte
> Oþer to londe broȝte.
> A payn hit ofherde,
> And hym wel sone answarede:
> "Þi lond folk we schulle slon,
> And alle þat Crist luuet vpon,
> And þe selue riȝt anon,
> Ne schaltu to-dai henne gon."
> Þe Kyng aliȝte of his stede,

> For þo he hauede nede,
> <u>And</u> his gode kniӡtes two;
> Al to fewe he hadde þo.
> Swerd hi gunne gripe
> <u>And</u> togadere smite. (*King Horn*, 39-52)
> (emphasis mine)

In 3.1.1 I suggested that the brief and succinct style and the speed of plot development may well be part of the reason for the high frequency of the personal names in *King Horn*. It seems that what I have suggested there is even more strongly applicable to the strikingly frequent use of the conjunction *and*. This conjunction provides the most natural and simple but sometimes most sophisticatedly powerful way of connecting various levels of matters at any time. It may well be that the composer of *King Horn* and/or its minstrels must have needed to resort to the frequent use of the conjunction for the realization of both the succinctness and the speed in their descriptions and narrations.

4. Concluding remarks

Many problems remain to be solved. One of them is the need for lemmatization: No lemmatization of word-forms has been used in this study. By carrying out a partial lemmatization, however, I have provisionally checked that lemmatization/unlemmatization does not fatally affect the findings of the present study. But a study of this kind, where statistics plays an important role, should ultimately be based on lemmatized material.

Another point is related to the possibility that different parts of a text may have different usage of words at line-initial position. No homogeneity in this respect can be guaranteed in an entire work of art. The beginning and the ending sections of a romance, for example, may have special style at the line-head. Also, in line-initial position in a catalogue (a technique in which names of things and events are enumerated) the same words are sometimes repeated.[7] All this has been ignored in this study, which aims to find out an outline of the matter.

The third point to be noted is the substitution of a personal name with other expressions. The name of the hero of *Orfeo* appears only twice in line-initial position, but "This king," "The king," and "When king" are used 12 times in all. These should be considered in a closer examination.

It is true that my treatment of the topic in this study has been limited in scope and in the number of instances examined. But I hope this study has shown how a line begins matters in Middle English metrical romances, and that the line-initial position deserves greater attention from the viewpoints of both syntax and style, especially if we consider it from the perspective of the oral tradition.

Notes

* This is a revised version of "How a line begins in Middle English metrical romances," *The Proceedings of the Ninth Nordic Conference for English Studies, Aarhus 2004*, on CD-ROM. (Aarhus: University of Aarhus). Forthcoming. I am grateful to Shinichiro Watanabe for his comments and suggestions on this and earlier versions.

(1) Cf. "William A. Quinn in *Jongleur: A Modified Theory of Oral Improvisation and Its Effects on the Performance and Transmission of Middle English Romances* (Washington: University Press of America, 1982) agrees that *King Horn* and *Havelok* were both performed rather than read to an audience" (http://www.lib.rochester.edu/camelot/teams/hornnts.htm).

(2) G⁺, g⁺, and Th⁺, th⁺ are substituted for yoghs and thorns in the concordance lines cited in this study.

In a study of this kind the original use of words and phrases found in the MSS. should ideally be checked. It is entirely for practical reasons that I have used the printed editions. This is a preliminary study whose main purpose is to grasp an outline of the ways the lines begin.

(3) It must be remembered that, since no lemmatization was carried out, the part of speech of word-forms in the lists cannot be automatically ascertained.

(4) Closely related to the use of personal names in line-initial position is the use of personal pronouns. The anaphoric reference of "He" to the name of the hero in the preceding line, for example, would be an interesting topic to pursue. In this paper, however, I will focus on the use of personal names.

(5) Cf. Blake, Burnley, Matsuo, and Nakao, 1994.

(6) Cf. Mizobata, 2001.

(7) See Imai, 2005.

References

Barron, W. R. J. 1987. *English Medieval Romance*. London and New York: Longman.

Blake, F. N., D. Burnley, M. Matsuo, and Y. Nakao (eds.). 1994. *A New Concordance to The Canterbury Tales*. Okayama: University Education Press.

Bradbury, N. M. 1998. *Writing Aloud, Storytelling in Late Medieval England*. Urbana and Chicago: University of Illinois Press.

Costigan, E. 2003. "Literary Lists." *Mukogawa Literary Review* 39, 43-56.

Dunn, C. W. 1967. "Romances Derived from English Legends." In: J. Burke Severs (ed.), *A Manual of the Writings in Middle English*, I (New Haven: The Connecticut Academy of Arts and Sciences), pp. 17-37.

Evans, M. J. 1995. *Reading Middle English Romance, Manuscript Layout, Decoration, and the Rhetoric of Composite Structure*. Montreal & Kingston: McGill-Queen's University Press.

French, W. H. and C. B. Hale (eds.). 1930; reissued 1964. *Middle English Metrical Romances*. New York: Russell & Russell.

Hoey, M. 1991. *Patterns of Lexis in Text*. Oxford: Oxford University Press.

Imai, M. 2003. "Syntax and Style in some Middle English metrical romances with special reference to the displacement of syntactic components," *Proceedings from the 8th Nordic Conference on English Studies*. (Gothenburg Studies in English 84.) (Göteborg: Acta Universitatis Gothoburgensis), pp. 47-58.

――――――. 2004. "Repetition in Middle English Metrical Romances." In: Hiltunen, R. and S. Watanabe (eds.). *Approaches to Style and Discourse in English* (Osaka: Osaka University Press), pp. 27-50.

――――――. 2005. "Catalogue and Repetition in *The Squyr of Lowe Degre*." In: Fisiak, J. and H. Kang (eds.). *Recent Trends in Medieval English Language and Literature in Honour of Young-Bae Park* (Seoul: Thaehaksa), 1. 133-46.

――――――. Forthcoming. "How a line begins in Middle English metrical romances." In: *The Proceedings of the Ninth Nordic Conference for English Studies, Aarhus 2004*, on CD-Rom. Aarhus: University of Aarhus.

Kanayama, A. *et al.* (tr.). 1983-2001. *Middle English Romances*, Vols. 1-4. Tokyo: Shinozaki Shorin. (In Japanese)

Knight, S. T. 1969. "The Oral Transmission of *Sir Launfal*." *Medium Ævum* 38, 164-70.

Masui, M. 1964. *The Structure of Chaucer's Rime Words*. Tokyo: Kenkyusha.

McKnight, G. H. 1901. *King Horn, Floris and Blauncheflur, The Assumption of our Lady*. (EETS OS, 14.) Oxford: Oxford University Press.

Mehl, D. 1968. *The Middle English Romances of the Thirteenth and Fourteenth Centuries*. London: Routledge and Kegan Paul.

Mills, M. 1973. *Six Middle English Romances*. London: Dent.

Mizobata, K. (ed.). 2001. *A Concordance to the Alliterative Morte Arthure*. Tokyo: Shohakusha.

Miura, T. 1990. "The Structure of Rime Words in *Sir Launfal*." In: *Essays in Honor of Professor Haruo Kozu* (Osaka: Kansai University of Foreign Studies), pp. 63-86.

――――――. 1991. "Observations on Rime Words in Athelston." *Hyogo University of Teacher Education Journal* 11, 59-72.

――――――. 1995. "Observations on Rime Words in *Havelok the Dane*" (2). *Hyogo University of Teacher Education Journal* 15, 31-40.

Nishimura, H. 1985. "Word Order and Information Structure in Middle English." *English Language and English and American Literature* (Yamaguchi: Yamaguchi University) 20, 11-33. (In Japanese)

Reichl, K. and W. Sauer (eds.). 1993. *A Concordance to Six Middle English Tail-Rhyme Romances*, Parts I, II. Frankfurt am Main: Peter Lang.

Roscow, G. H. 1981. *Syntax and Style in Chaucer's Poetry*. Cambridge: D.S. Brewer.

Saito, T. and M. Imai (eds.). 1988. *A Concordance to Middle English Metrical Romances*, 2 vols. Frankfurt am Main: Peter Lang. (Computer programmed by K. Miki)

Schmidt, A. V. C. and N. Jacobs (eds.). 1980. *Medieval English Romances*, Part One. London: Hodder and Stoughton.

Severs, J. B. (ed.). 1967. *A Manual of the Writings in Middle English*, I. New Haven: The Connecticut Academy of Arts and Sciences.

Trounce, A. McI. (ed.). 1951. *Athelston: A Middle English Romance*. (EETS 224.) London, New York, Toronto: Oxford University Press.

Ziegler, G. 1980. "Structural Repetition in *King Horn*." *Neuphilologische Mitteilungen* 81, 403-8.

Appendix

A list of 50 most frequently used word-forms

\multicolumn{7}{c}{King Horn}

A	B	C	D	E	F	G
1		AND	256	206	*412*	80.5
2	x	HORN	158	86	*172*	54.4
3		ÞAT	155	86	*172*	55.5
4		HE	227	80	*160*	35.2
5		ÞE	286	77	*154*	26.9
6		TO	209	45	*90*	21.5
7		NE	84	43	*86*	51.2
8		FOR	72	39	*78*	54.2
9		WIÞ	70	35	*70*	50.0
10		OF	121	31	*62*	25.6
11	x	RYMENHILD*¹	51	27	*54*	52.9
12		HI	50	23	*46*	46.0
13		IHC	56	22	*44*	39.3
14		ÞER	39	21	*42*	53.8
15		ÞU	95	20	*40*	21.1
16		A	58	18	*36*	31.0
17		AL	35	17	*34*	48.6
18		HEO	60	15	*30*	25.0
19		WEL	56	15	*30*	26.8
20	x	AÞULF	27	15	*30*	55.6
21		HIS	109	14	*28*	12.8
22		IN	65	14	*28*	21.5
23		ON	59	14	*28*	23.7
24		SO	51	14	*28*	27.5
25		BI	40	14	*28*	35.0
26		I	48	13	*26*	27.1

27		OÞER	18	10	*20*	55.6
28		ÞANNE	13	10	*20*	76.9
29		BUTE	12	10	*20*	83.3
30		KING	47	9	*18*	19.1
31		AFTER	14	9	*18*	64.3
32		ƷEF	13	9	*18*	69.2
33		HIT	54	8	*16*	14.8
34		INTO	20	8	*16*	40.0
35	?	CRIST	16	8	*16*	50.0
36		ÞI	43	7	*14*	16.3
37		ALLE	38	7	*14*	18.4
38		NU	25	7	*14*	28.0
39		ÞO	15	7	*14*	46.7
40		FRAM	11	7	*14*	63.6
41		ALSO	10	7	*14*	70.0
42		AT	22	6	*12*	27.3
43		MID	13	6	*12*	46.2
44		SEIE	13	6	*12*	46.2
45		GOD	12	6	*12*	50.0
46	x	AÞELBRUS	9	6	*12*	66.7
47	x	FIKENHILD	8	6	*12*	75.0
48		AMONG	7	6	*12*	85.7
49	x	CUTBERD	7	6	*12*	85.7
50		TIL	6	6	*12*	100.0

*1 RIMENHILD, RIMENILDE, RYMENHILDE, RYMENILD not included.

プラハ言語学派と言語類型論
―言語性格学から構成的類型論への発展―

本 城 二 郎

序論

　20世紀前半に、現代言語学の主要概念形成に多大な貢献を成したプラハ言語学派は、言語現象のメカニズム解明に、機能から構造（または形式）へのアプローチを提唱したことから、"機能構造主義"の名で広く知られている。この学派の中心テーマの一つに、個別言語体系内の言語的諸特徴が類型論的特徴を示す一方、それら諸特徴間における相関関係も一つの類型論的特徴を反映しているという考え方がある。それぞれ、広義の類型論と、類型的特徴に基づく言語性格学に、対応している。本論は、機能言語学の理論体系を完成したV. Mathesiusの言語性格学にその源を発するプラハ言語学派類型論の理論的発展を探ることを目的とする。まず最初に、プラハ言語学派の理論形成へと収斂した主要な2つ（つまり"機能"および"形式"）の理論的潮流を概観し、続いて、異言語の分析比較を通じてのみ抽出可能な文法形式が類型的特徴（＝タイプ）を構成し、タイプの総体（の組み合わせ）が個別言語の性格を決定する、とするMathesiusの言語性格学に垣間見られる類型論的萌芽を観察し（1章）、形式的バリアントの機能構造分析により抽出可能な個別言語のタイプを"類型的構成体"という概念を導入することにより完成したV. Skaličkaの構成類型論を経て（2章）、それを集大成したP. Sgallの機能構造類型論の理論的背景を検証し（3章）、最後に、筆者によるFSP類型論モデルの提出を試みる（4章）。

1. プラハ言語学派の類型論の理論的基礎―Mathesius の言語性格学

　19世紀のロマン主義および歴史主義により特徴付けられた知的風土に対する対立項として20世紀初頭に現れた A. Marty に代表されるブレンターノ学派による現実主義および F. Saussure による共時主義から直接的影響を受け、さらに K. Bühler の言語哲学（言語伝達機能論）や E. Durkheim に遡る機能主義社会学や B. Courtenay のカザン学派等によりもたらされた機能主義の流れ、それにロシア・フォルマリズム（モスクワ言語サークル）や O. Zich のヘルバルト形式美学等に由来する形式（＝構造）主義の流れの両者を、まさしく収斂的に継承し共存させた結果、いわゆる"機能から形式"への言語現象アプローチを実現・完成したのが、プラハ言語学派である。その特徴から、この学派の言語学研究はその名を冠して、機能構造主義言語学と一般的に称されている。

　プラハ言語学派（以下略してプラハ学派）の知見は、現代言語学の様々な分野において数多くの理論的貢献をしてきたことにより、言語学説史においても広く紹介されている。本章は、その中でも、今なお理論的価値を失わず更なる発展を続けているプラハ学派類型論の基礎を築いた V. Mathesius の言語性格学を概観し、その特徴と有用性を検証する。

　Mathesius は、個々の人間の顔には他の人々と異なる部分とよく似た共通部分があるように個別言語の性格にも他の言語と異なる特徴とよく似た共通特徴がある、という類推を出発点とし、さらに前者のパロール性に対する後者のラング性に注目し、言語の類型的特徴（＝タイプ）の（組み合わせの）総体が個別言語の性格を構成し、逆に個別言語の性格は言語のタイプの（組み合わせの）総体から構成されるのである、という先見的知見に到達したと言われている。そのことを、我々は彼の言語性格学に関する処女作（つまり Mathesius (1928)）から窺い知ることが出来る。そこでは、言語類型論の萌芽となるタイプという概念の設定および抽出への期待とともに、より困難な世界諸言語の記述の完成に先立ち、未だ未分化（未開拓）な状態にある類型論

に対してその理論的基礎を提供するために、異なる言語どうしの分析比較(つまり比較言語性格学) によるタイプ抽出の試みが提案されている。

「言語性格学の重要な特徴は、"価値"や"共時的相互関係"という概念を言語分析に導入したことである。もしも所与の発達段階における所与の言語において存在する全ての形式機能要素に対し、それ(＝形式機能要素)の完全な目録を提供することが記述言語学の課題であるならば、言語性格学は、所与の時点における所与の言語の重要かつ基本的特徴のみを扱い、それらを一般言語学的基礎において分析し、それらの間にある関係を確認する試みである。」(Mathesius (1928), p. 56, ll. 14-22 の拙訳)

／個別言語における一般言語学的基本特徴の分析の必然性／
「言語性格学は、その唯一の目的が個別言語のより科学的な分析にあることから、その対象言語は、現代の段階のものから始めることが必要である。なぜなら、その段階のもののみが十分かつ明確な言語資料を提供することが可能であるからである。」(同上, p. 56, ll. 9-13 の拙訳)

／言語の科学的分析への共時的アプローチの必要性／
「具体的な言語性格学の研究にとって最も価値があるのは、異なったタイプの言語の分析比較である。なぜなら、それ(＝分析比較)は、共通の文法機能を探ることを研究の基礎としているため、分析対象である言語現象の真の特徴および意味の正確な理解がそれにより可能となるからである。」(同上, p. 56, ll. 23-29 の一部拙訳)

／機能的分析比較の重要性・機能類型論の萌芽／
間接被害（受身）文：
   E. I have been told.　　　／テーマ性人称主語＝間接被害者による受身文／
   G. Man hat mir gesagt.　　／非人称主語＋与格間接被害者／
感覚文：
   E. I am sorry to hear.　　／テーマ性人称主語＝感覚者／
   G. Es tut mir leid zu hören.　／非人称主語＋与格感覚者／

所有文：
 E. She had a curious sinking of the heart.　／テーマ性人称主語＝所有者／
 G. Es wurde ihr ganz eigentümlich zu Mut.　／非人称主語＋与格所有者／
客観的モダリティ文：
 E. He is sure to come.　／テーマ性人称主語＋客観的モダリティ述語／
 G. Es ist kein Zweifel, daß er kommt.
          ／非人称主語＋客観的モダリティ述語／

2. 形態・統語類型論の体系化
 —Skalička の単純形態類型論から Sgall の拡大形態類型論へ

2.1 Skalička の形態類型論

　プラハ学派の基本的言語観によると、言語現象の分析には、言語理解のプロセスのみならず言語産出のプロセス、つまり意味（内容）から形式（形態）へのアプローチ、換言すれば意味の言語化のプロセス、の解明が必要不可欠であると見なされる。そこでは、意味内容の生成メカニズムに対応する形態マーキング体系の設定が、主要な研究対象となる。このような考え方の萌芽は、すでに前世紀の初頭に見られ、数多くの自然言語の検証を通じて、より妥当な類型的特徴およびタイプの抽出がなされてきたことはよく知られている。中でも、この分野における理論的一般化を最大限にまで高め、言語類型論の学問的基礎付けに成功した最初の学者は、その著作集がようやく 1970 年代の終わりにドイツ語で出されたこともあり、未だに言語学説史上においてもその名前が余り知られてはいないものの、戦前から戦中を経て戦後まで活躍したプラハ学派を代表する人物の一人 V. Skalička である。彼は、Skalička (1935) の「ハンガリー語文法に向けて」に始まり、Skalička (1951) の「チェコ語のタイプ」、さらに Skalička (1941) の「チェコ語曲用の発達」を経て、Skalička (1958) の「スラブ諸語特にロシア語の類型論」へと続く一連の論文を通じて、5 つの類型的特徴が抽出され、それらの組み合わせにより 5 つの

タイプ分けが理論的に可能であること、それにそのうちの幾つかまたは全部が組み合わさり言語の種々のレベルにおいて一言語の特徴付けが可能となる、という類型論的認識を導いたことで、現在ではプラハ学派類型論の始祖と見なされている。彼が類型的特徴を抽出する際に依拠したものとして、文構成に関与的な語における(i)文法的形態マーカーの有無および(ii)その機能性の質（多機能か単一機能か）と(iii)種類（語か形態素か）、の3つの基準があり、それらの組み合わせにより5つのタイプ分けが可能となる。まず、(i)により文法的形態マーカー無しと、その他つまり文法的形態マーカー有りとに類別され、前者は多総合性（POLYSYNTHETIC）と呼ばれる。後者は、さらに(ii)により単一機能文法的形態マーカー有りと、多機能文法的形態マーカー有りとに分けられ、最終的には(iii)の種類との組み合わせにより、それぞれ接辞による単一機能文法的形態マーカーを持つ膠着性（AGGLUTINATIVE）と、単語による単一機能文法的形態マーカーを持つ分析性・孤立性（ANALYTIC・ISOLATING）、および語尾としての多機能文法的形態マーカーを持つ屈折性（INFLECTIONAL）と、語幹部分における多機能文法的形態マーカーを持つ内屈折性（INTROFLEXIVE）、の計5つの類型的特徴が抽出されることになる。最後の内屈折性は、かなりマイナーな特徴で、これ単独で一言語の主要タイプを特徴付けることは困難である。同じくマイナーな特徴として、抱合性（INCORPOLATING）があるが、それが本来的に内包する1語内2文法要素同居性により、主要な類型的特徴にはなり得ないものと見なされている。ただし、この特徴がいわゆる（ドイツ語の分離前接辞を含む）生産的接頭辞や多総合性（POLYSYNTHETIC）のタイプの言語に一般的な複合語性に関与的であるという立場が取られてはいるものの、抱合性のとらえ方に関してかなりな程度の柔軟性が欠如していることから、文脈などに応じて柔軟に抱合・分離をおこなうという、いわゆる文法的抱合性を持つ言語類型とは区別すべきである（Skalička (1979) 参照）。

2.2 Sgall の拡大形態類型論

　ところで、観察可能な自然言語の中には、類型的特徴を 100 ％実現する言語は存在し得ないという点で、Skalička の挙げた特徴はポテンシャルな、彼の用語を借りれば、究極的（EXTREME）な特徴と言える。さらに、特徴の分類が、語の文法機能を分ける 3 つの基準に基づくことから、その方法は演繹的であり、観察の結果抽出可能ないわゆる構造的類型論に対して、一般に構成的（CONSTRUCTIVE）類型論と呼ばれている。そこで、現実言語の特徴付け（つまりタイプ）により近づくためには、より抽象的な構成的概念に対して妥当な修正を加える必要があり、それを詳細に論じたのがいわゆる Sgall の拡大形態類型論である。彼は、Skalička による上記の類型的特徴に加えて、具体的な構成言語名およびその他の関与的属性を列挙することにより、以下の 5 タイプ分類法を確立したことから、プラハ学派形態類型論の完成者と見なされている（Sgall（1984）参照）。

　　多総合（POLYSYNTHETIC）タイプ：
　　　類型的特徴：語と文法素（形態素）の厳格な区別
　　　構成言語名：ベトナム語、中国語、タイ語、ヨルバ語等
　　　関与的属性：若干の機能語の存在；語類の区別無し；語形成における複合語の使用；接辞及び語尾の不在；文法的形態素と語彙的単語との音声的同質性による曖昧性；文法手段の不足による固定化語順；複合語による従属節代用

　　膠着（AGGLUTINATIVE）タイプ：
　　　類型的特徴：1 語中に 2 つ以上の文法素の結合
　　　構成言語名：トルコ語、フィノ・ウゴル諸語、グルジア語、バスク語、アルメニア語、エスキモー語、東印欧諸語、日本語等
　　　関与的属性：語基に付加される接辞の豊富さ；語類の不在；語形成の接辞使用；派生接尾辞と屈折語尾の区別の弱化；接辞の独自音形の保持；接辞の非冗長性による相対的固定語順（形容詞―名詞や主語―動詞などにおける一致という冗長性の排除のため）

分析・孤立（ANALYTIC・ISOLATING）タイプ：
  類型的特徴：語と文の厳格な区別および語と形態素と文法素の区別の弱体化
  構成言語名：英語、フランス語、ハワイ語その他
  関与的属性：接辞の不在と語彙的・文法的単音節語の存在；語彙的形態素と文法的形態素(語)の間の規則的な関係(語類の分類の不必要)；接辞の不在により形態的派生をとらない孤立語の豊富さ；機能語の接辞的機能；機能語の多さによる自由語順の非許容；接続詞のような機能語による従属節の派生

屈折（INFLECTIONAL）タイプ：
  類型的特徴：文法素と形態素の厳格な区別
  構成言語名：ラテン語、大半のスラブ諸語、古代印欧語等
  関与的属性：(自動的意味を持つ) 語彙的単語それぞれに一つの文法的語尾 (スワヒリ語やバンツー諸語は単一接辞)；名詞の性数や動詞の自他などの語尾による分類；語派生への語尾の関与；派生接辞と屈折語尾との厳格な区別；単一語尾の非音節化・多機能性・シノニムの可能性；語尾の豊富さ(特に一致)による自由語順；語類の明確な区別による多様な従属節の可能性

内屈折（INTROFLEXIVE）タイプ：
  類型的特徴：屈折タイプのバリアントと見なされるが一言語の基本的特徴にはなりえず常に他のタイプと結び付けられての存在
  構成言語名：セム諸語（アラビア語など）
  関与的属性：形態素の中断(音素や節中辞の挿入による文法的意味の変化)；内屈折による語類の区別；内屈折による語派生（屈折と派生の区別の消滅）；語彙的手段と文法的手段との音声的区別；語順と従属節は概ね屈折タイプと同じだが広範囲には未発達

3. FSP類型論の可能性
―SgallのFSP類型論からHonjoのFSP類型論統合モデルへ

前章で提案されたタイプ分けは、その分類の基礎が文法的差異を表示する

形態マーカーに専ら置かれているという点で、いわゆる形態（―文法）類型論と称されている。その分類法が、意味の差異を実現する文法的形態マーカーの類別に基づくという点で、これは言語のポテンシャルなレベルにおける分類と言える。これに対して、言語のより現実的なレベルすなわち発話のレベルにおける差異を表示する形態マーカーも加えることが当然求められる。なぜなら、自然言語の本質的特徴の前提には、少なくとも主要機能の1つと見なされる伝達機能の存在があり、個別言語には、その要件を満たすための何らかの方策が必然的に備わっていると解釈されるからである。それが、発話構成のための形態マーカーに他ならないのである。発話構成の基本は、テーマ—レーマ分割（THEME-RHEME ARTICULATION）つまり FSP（FUNCTIONAL SENTENCE PERSPECTIVE）の要件であり、それを実現する形態マーカーによるタイプ分けの類型論を最初に提案したのが、戦後のプラハ学派を代表する言語学者でありかつ印欧語学者である P. Sgall である。彼のこの新しい知見に基づく類型論は、依拠した要件の名前を取り、いわゆる FSP 類型論と呼ばれている。

3.1　Sgall の単純（原型的）FSP 類型論

　FSP の要件を満たす文法手段としての形態マーカー（文法的形態マーカーまたは単に形態マーカー）は、形態類型論における形態マーカーが主に語順や接辞や機能語や語尾等のいわゆる本来的意味での形態マーカーを指していたのに対して、対象とする言語レベルが専ら発話文であることから、より広範な選択肢で形態マーカーを設定することが求められる。ここでの形態マーカーは広義に解釈され、本来的意味での形態マーカーとしての接辞、語順のみならず、*ad hoc* な文法手段としての特殊文法構文、それにイントネーションも加わり、基本的に可能な4種類が設定される。それらいわゆる基本的形態マーカーのうち、どれとどれが組み合わさって FSP が表示されるのかは、以下のように典型的な言語例および関連特徴とともに明示されることになる（Sgall et al.（1980）参照）。

(i) 語順とイントネーションが FSP を表示するタイプ：
  典型言語：スラブ語の大半と古代印欧語
  関連特徴：自由語順、文尾のイントネーション・センター
(ii) 語順と特殊文法構文とイントネーションが FSP を表示するタイプ：
  典型言語：英語、フランス語および他の西欧諸言語
  関連特徴：文法化語順、受動化、分裂構文、as for 句等
(iii) 接辞が FSP を表示するタイプ：
  典型言語：日本語、他の東アジアおよびアフリカ諸言語
  関連特徴：*THEME* マーカーとしての-wa

単一の言語構成原理（ここでは FSP 構成原理）の形態マーカーのみによるタイプ分けとしては、この分類が初めての試みであり、通言語的にも妥当なものと見なすことが出来る。しかし、この枠に収まり切れない幾つかのタイプ分け困難な言語や周辺的なタイプの言語も見受けられる。例えば、いわゆるダミー主語を持ちながら従属節では FSP 化語順を有するドイツ語は(i)なのか(ii)なのか等の疑問が生ずる。（私見では、中国語は別のタイプを、ドイツ語は(i)と(ii)の中間タイプを設定すれば分類可能であろう。）ここで問題になるのは、単一構成原理に基づくタイプ分けには多くの変則が伴う、という自明の真理である。これを解決するためには、いかなる個別言語のタイプ分けにも本質的に常に複数の言語構成原理が関与している、という考え方をとる必要があり、現代言語学、特にプラハ学派の言語観からも実際にそのことの有用性を確認することが可能である。

3.2 Sgall の拡大 FSP 類型論

前節の最後に提起された複数構成原理によるタイプ分けの有用性は、Sgall(1992)における 3 構成原理関与説により、概ね実証されたと言える。それは、

構成原理	:	結合価[1]	FSP	（名詞句の）定性[2]
		↓	↓	↓
言語レベル	:	文法レベル	発話レベル	（文脈）テキスト・レベル

以下のような枠組により窺い知ることが出来る。そこでは、一義的には、各構成原理には、それらが専ら作用する言語レベルが対応し、当該レベル上において構成原理のそれぞれは（既述のFSPのように）独自の表現手段を有すると解釈される。現実的には、表現手段における過度の冗長性を回避する（つまり経済性の原理を適用する）ため、3つのうち1つに対し背景化や不履行規則等が適用されることになる。

　上記3構成原理の可能な組み合わせとしては、次の3通りが設定可能である。それぞれのタイプ記述に組み合わせ特徴と典型言語を併記し、劣勢と見なされる背景化構成原理の表現手段および若干の例文を加えた形で提案されたタイプ分類がSgall(1992)である。なお、例文は、(a)(b)がHajičová & Sgall (1982)、(c)は中川（1992）に準拠している。

(a) 結合価＋(名詞句の)定性が優勢なタイプ：
　　典型言語：英語
　　FSP表現手段：THEME性文頭the、RHEME性a（an）
　　E. The French collegue found a proof of this assertion.
　　　　　　　THEME
　　　　A French collegue found a proof of this assertion.
　　　　　　　RHEME
(b) 結合価＋FSPが優勢なタイプ：
　　典型言語：スラブ諸語の大部分、ラテン語、サンスクリット語等
　　（名詞句の）定性表現手段：代名詞、THEME定名詞、RHEME不定名詞
　　CZ. Řeka　teče　rovinou.　　　　　(The river flows through a PLAIN[3].)
　　　　THEME定　RHEME不定
　　　　Rovinou　teče　ŘEKA.
　　　　THEME定　　RHEME不定
　　　　　　　　　　　　　　(Through the plain there flows a RIVER.)
(c) FSP＋(名詞句の)定性が優勢なタイプ：
　　典型言語：中国語（典型的）、日本語と他のアジア諸語（部分的）
　　結合価表現手段：言語文脈・語順、動詞の種類・派生接辞

CH. 経済発展了。（経済が<u>発展した</u>。）／結合価1／
　　<u>発展</u>祖国的経済。（祖国の経済を<u>発展させる</u>。）／結合価2／
　　他的妻子<u>死了</u>。（彼の妻は<u>死んだ</u>。）／結合価1／
　　他<u>死了</u>妻子。（彼は妻に<u>死なれた</u>。）／結合価2／

3.3　Honjo の FSP 類型論統合モデル

　前2節において提起された FSP に基づくタイプ分けを1つの図式に纏め、それぞれの相関関係を明示しようとした試みが Honjo (1995) の FSP 類型論統合モデルである。ここで注目すべきは、3つの構成原理のそれぞれに対応する専用の形態マーカーが存在し、比較的安定した要素として機能しているという点である。ある文法構文、例えば受動構文が FSP 構成専用に用いられた場合、それは FSP 化したと解釈され、FSP 化構文と見なされることになる。（結合価プロパーによる）文法化語順、（定性プロパーによる）限定化詞（＝冠詞）等も同様で、対応する言語タイプの主要な特徴を構成すると解釈されることになる。

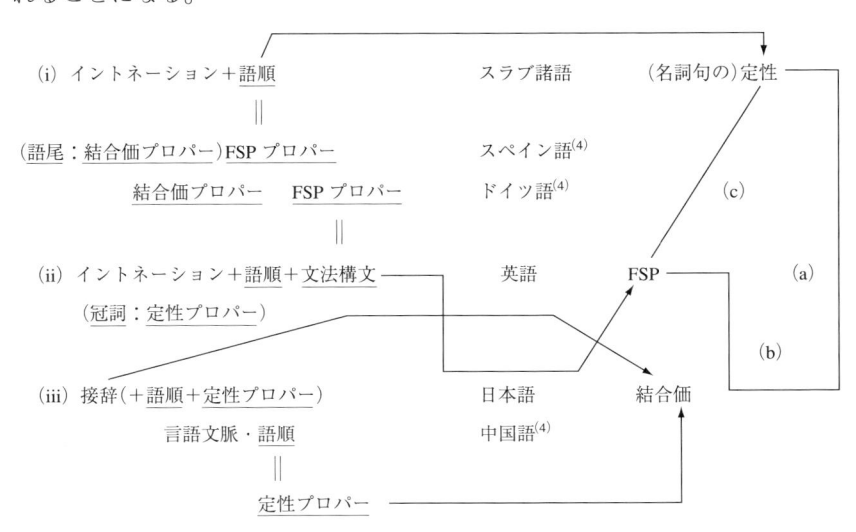

(i)　イントネーション＋<u>語順</u>　　　　　スラブ諸語　　（名詞句の）定性
　　　‖
（語尾：結合価プロパー）**FSP プロパー**　　スペイン語[4]
　　　結合価プロパー　　**FSP プロパー**　　ドイツ語[4]　　　　　(c)
　　　　　　　　　　　‖
(ii)　イントネーション＋<u>語順</u>＋文法構文　　英語　　　　FSP　　　　(a)
　　（冠詞：<u>定性プロパー</u>）　　　　　　　　　　　　　　　　(b)

(iii)　接辞（＋<u>語順</u>＋<u>定性プロパー</u>）　　日本語　　結合価
　　　　言語文脈・語順　　　　　　　　　中国語[4]
　　　　　　　‖
　　　　<u>定性プロパー</u>

4. FSP通時類型論の提案と印欧語の類型的特徴

　前章において提出されたFSP類型論は、言語の3構成原理の相互関係に基づく形態マーカーのタイプ分けを反映した類型論と位置付けられる。そこでは、自然言語を特徴付ける3つの関与的レベル、すなわち発話テキスト・レベル、FSPレベルおよび文法（統語）レベルにおける基本的構成原理を出発点とし、そのうちどの組み合わせが優位であり、残りのどれが背景化されマーキングされにくいのかという議論が専らなされる点で、多レベル（多次元）的、原型論的（プラハ学派の用語を借りれば中心—周辺対立論的）、さらに（構造的ではなく）構成的であることから、構成的類型論の一種と見なされる。ここでは、1個別言語および1言語現象は、大小の差こそあれ、1つの体系をなし、それぞれが複数の（体系を特徴付ける）構成原理の相互作用により特徴付けられ、その結果体系内において特徴付けの密な部分と疎な部分が現出し、中心—周辺対立という部分間ダイナミズムの緊張が生じ、何らかの内的または外的要因による周辺の中心化、中心の周辺化というプロセスの後に、再度新たな体系化（による変更）が図られる、という言語観が支配的である。体系の変更・変化も視座に置くことから、その類型論は、言語変化（特に言語タイプ変化）の説明原理としても有効である。次節では、仮説的にではあるが、筆者による構成的類型変化モデル（つまりFSP類型論に基づく言語タイプ変化モデル）、それに類型変化のプロセスおよび典型言語のタイプ分類を概観し、最後に類型変化のプロセスにおける印欧語欧州タイプの具体的な位置付けを検証し、FSP通時類型論の構築を試みる。

4.1　構成的類型変化モデル
　　—FSP類型論に基づく類型変化モデル・プロセス・典型言語のタイプ分類

　基本的な枠組みとして、3構成原理を言語レベル化し、上は上位の、下は下位のレベルとし、それぞれに可能な（広義の）形態マーカーを組み合わせ、主要な言語タイプを現実の典型言語と照合することから始める。次に、1つ

のタイプから直接的に連続する可能性の高いタイプを見つけ出し、タイプ変化プロセスの要因を抽出する。その際に考慮すべきは、曖昧性（例えば多機能性等）の排除、最小変異（つまり変化する組み合わせの数が最小であること）といういわゆる経済性の原理であるが、現実的には典型言語間の歴史的な影響関係（接触関係）も、可能な限り判定基準として導入することにする。その結果、以下のような構成的類型変化モデル、類型変化のプロセス、典型言語のタイプ分けが試みられ、全体としての FSP 通時類型論モデルが提案される。(なお、このモデルは Honjo (1988) p. 28 に初出のものに、後から加筆・修正を加えたものである。)最初の類型変化モデルについては、可能な言語タイプを抽出するために、構成原理と形態マーカーとの対応関係を列挙するための必要かつ十分な条件を探ることが求められる。しかしながら、常に参照

構成的類型変化モデル：

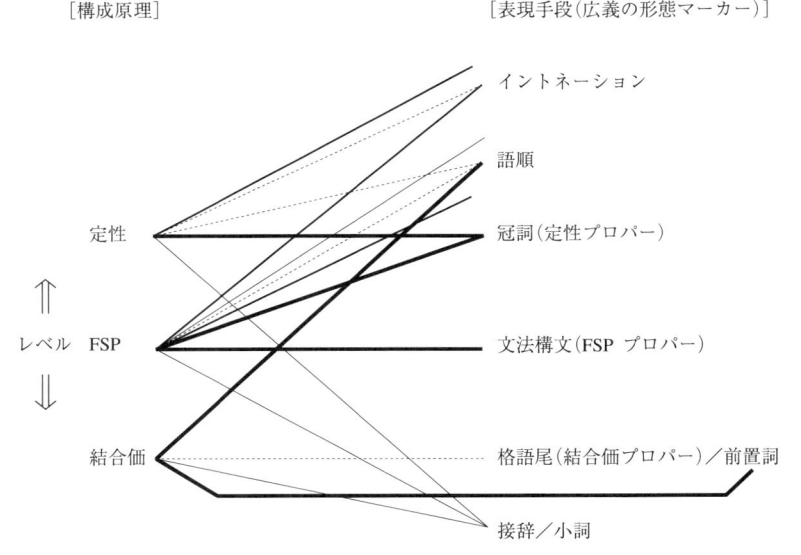

［構成原理］　　　　　　　　　　　　　［表現手段（広義の形態マーカー）］

　　　　　　　　　　　　　　　　　　イントネーション
　　　　　　　　　　　　　　　　　　語順
　　　定性　　　　　　　　　　　　　冠詞（定性プロパー）
⇑
レベル　FSP　　　　　　　　　　　　文法構文（FSP プロパー）
⇓
　　　結合価　　　　　　　　　　　　格語尾（結合価プロパー）／前置詞
　　　　　　　　　　　　　　　　　　接辞／小詞

（────：日本語およびアジア諸言語，中国語は FSP・定性－語順で結合価－文脈・イントネーション；……… チェコ語，現代スラブ語および古代印欧語；──── ：スペイン語，ドイツ語等の西欧諸語；──── ＋ ──── ：英語およびフランス語）

すべきは現実の典型言語であり、それら言語どうしの実際の影響関係（言語接触）および潜在的接触の可能性も考慮されるべきである。例えば、中国語とチェコ語との類型的特徴における表面的な類似性については、たとえ語順の多機能性という部分で１つにくくり、サブタイプ化したところで、現実的には実際の言語接触が現在に至るまで生じなかったし、さらにチェコ語の文法化屈折語尾に対する中国語の文法化文脈（・イントネーション）という示差的特徴からも、それぞれ別のタイプに属することは、自明である。

類型変化のプロセス：
［変化の段階］　　　［現状と変化要因］　　　　　　　　　　　　［解消結果］
第１段階：接辞（日本語）または語順（中国語）の多機能性⇒機能の分化
第２段階：結合価－接辞＞結合価－屈折語尾・前置詞　　⇒接辞の屈折語尾化
　　　　　　　　　　　／結合価プロパー屈折語尾の発生／
第３段階：FSP・定性－接辞＞FSP・定性－語順　　　　⇒語順の２機能性
　　　　　　　　　　　／語順の FSP 化／
第４段階：定性－語順＞定性－冠詞　　　　　　　　　　⇒各構成原理の文法化
　　　　　　　　　　　／定性プロパー冠詞の発生／
第５段階（前半）：結合価－屈折語尾＞結合価－屈折語尾（＋語順）
　　　　　　　　　　　／文法化語順の発生／
第５段階（後半）：FSP－語順＞FSP－文法構文（・イントネーション）
　　　　　　　　　　　／FSP プロパー文法構文の発生／
　　　　　　　　　　　　　　　　　　　　　　　　　⇒語順機能の弱化・衰退
第６段階：結合価－屈折語尾・前置詞＞結合価－（屈折語尾・）前置詞・語順
　　　　　　　　　　　／屈折語尾の衰退／

典型言語のタイプ分類：
［言語名］　　　［類型変化の段階および構成原理・表現手段の組み合わせ］
日本語：　　第１段階
　　　　　　定性・FSP・結合価－接辞（なお、古代日本語では主語と目的語はゼロ・マーキングで結合価－語順が支配的であったことは知られている。その名残は、現代日本語にもある。）
中国語：　　第１段階（日本語との先後関係については議論がなされてはいる

が、古代日本語における結合価ー語順が現代日本語では衰退していった経緯を考慮すれば、私見では恐らく中国語の方が古く未だ保守的で、日本語は徐々に接辞を発達させてきたように思われる。因みに、接辞化という現象が現代中国語におけるイノベーションであることはよく知られている。)

チェコ語： 第3段階（語順の2機能性を部分的に解消する前倚辞の発達により、定性ー前倚辞を実現している。）
定性・FSPー語順、結合価ー屈折語尾
（定性ー前倚辞の発達）

ロシア語： チェコ語と同一タイプと考えられるが、定性ー移動アクセント法という点で唯一異なる。

スペイン語：第4段階（結合価ー前置詞およびFSPー語順の保持に伴う未発達な文法化語順）定性ー冠詞、FSPー語順、結合価ー前置詞

ドイツ語： 第5段階（結合価ー格語尾の保持とイノベーションとしての文法化語順発生の結果、この段階の前半と見なされる。）
定性ー冠詞、FSPー語順、結合価ー屈折語尾・前置詞（・語順）

英語： 第5段階の後半（FSPー文法構文が新たにイノベーションとして導入された他は、文法化語尾と文法化語順が併用されるようになり、次の第6段階へと向いつつあると見なされる。）
定性ー冠詞、FSPー文法構文、結合価ー語順・前置詞（・屈折語尾）

フランス語：第6段階（英語よりもさらに進んで、文法化語順は前置詞とともに、旧来の文法化屈折語尾に取って代わりつつあると見なされる。）
定性ー冠詞、FSPー文法構文、結合価ー語順・前置詞

4.2 通時類型論と印欧語欧州タイプ

4.2.1 印欧語欧州タイプの拡大FSP類型論的特徴

印欧語欧州タイプに特に関与的であると見なされるタイプとしては、(a)屈折タイプと(b)分析タイプの2つが考えられる。地理的にも、東欧スラブ諸語および（例えば、東に隣接するバルト諸語や北に隣接するフィンランド語などウラル諸語や、南に分布し分析タイプに移行しつつあるバルカン・スラブ

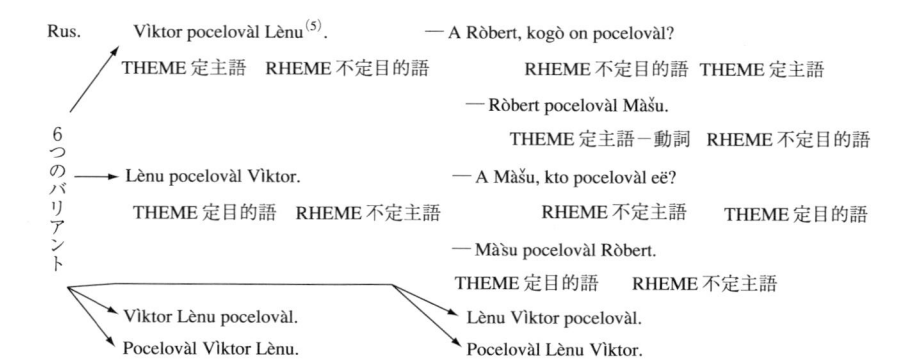

```
Rus.    Vìktor pocelovàl Lènu⁽⁵⁾.        — A Ròbert, kogò on poceloval?
        THEME 定主語  RHEME 不定目的語      RHEME 不定目的語  THEME 定主語
6                                        — Ròbert poceloval Màšu.
つ                                         THEME 定主語－動詞  RHEME 不定目的語
の
バ   — Lènu poceloval Vìktor.           — A Màšu, kto poceloval eë?
リ      THEME 定目的語  RHEME 不定主語       RHEME 不定主語  THEME 定目的語
ア
ン                                       — Màšu poceloval Ròbert.
ト                                         THEME 定目的語    RHEME 不定主語

    Vìktor Lènu poceloval.               Lènu Vìktor poceloval.
    Poceloval Vìktor Lènu.               Poceloval Lènu Vìktor.
```

語を含むバルカン諸語など）周辺言語が(a)に、西欧および北欧のロマンス・ゲルマン諸語が(b)にそれぞれ属し、古代印欧語のラテン語およびギリシャ語などが(a)のタイプと見なされることから、印欧語の通時的変化が概ね(a)から(b)へのプロセスを実現してきたし、現在もそれが継続中であることを窺い知ることが出来る。

(a)屈折タイプ：結合価＋FSP が優勢なタイプ⇒／自由語順・FSP 化語順への傾向／
　　　（名詞句)定性表現手段：代名詞、THEME 名詞は定で RHEME 名詞は不定
　　　　　代表言語：古代印欧語、スラブ諸語の大部分、ラテン語等
(b)分析屈折タイプ：結合価＋(名詞句の) 定性が優勢なタイプ ⇒／冠詞の発達／
　　　　　　　　　　　　　　　　　　　　　　　　　　　　　　／語順の文法化／
　　　　　　　　　　　　　　　　　　　　　　　　　　　　　　／文法構文／
　FSP 手段：THEME 性文頭　the, le/la/les, -at/it, -n/-rna//-et/-ena
　　　　　　RHEME 性　　　a (an), un/une/des, φ, en-//et-
　　代表言語：英語、フランス語、ブルガリア・マケドニア語、北ゲルマン諸語等
Fr. FSP 手段＝文法構文の例：

```
Je detéste Marie.           Moi, je detéste Marie.    Je detéste Marie, moi.
定 THEME 主語  不定 RHEME 目的語    定 THEME 主語              不定 RHEME 主語
Marie, je la⁽⁶⁾ detéste.    Je la detéste, Marie.     Je la detéste, moi, Marie.
定 THEME 目的語  不定 RHEME 動詞    不定 RHEME 目的語          不定 RHEME 主語・目的語
```

4.2.2 印欧語欧州タイプの通時類型論における位置付け

　第2段階から第3段階への移行におけるプロセスは、古代印欧語に特徴的な接辞の屈折語尾化の傾向より明らかであるが、それは結合価プロパー屈折語尾の発生と考えられる。そのうち、第3段階の屈折タイプを出発点とし、最も急激なイノベーションを産み出したのが、第6段階のフランス語（またはそれに近づきつつある英語）であると推測される。

印欧語欧州タイプに関与的な類型変化のプロセス：(4.1 類型変化のプロセスを参照)
変化の段階と特徴と／イノベーション／
第3段階（語順の2機能性を部分的に解消する前倚辞の発達により、定性－前倚辞を実現している。）
定性・FSP－語順、結合価－屈折語尾　／FSP化語順／
（定性－前倚辞）　　　代表言語：
　　　　　　　　　　古代印欧語以来の保守的な屈折タイプを持つ
　　　　　　　　　　スラブ語、バルト語等

第4段階（冠詞の発達による定性－冠詞の結果、各構成原理の文法化を実現している。）
定性－冠詞、FSP－語順、結合価－屈折語尾・前置詞　／定性プロパー冠詞／
　　　　　　　　代表言語：
　　　　　　　　屈折タイプから分析タイプへの移行初期の
　　　　　　　　スペイン語、ケルト語、ギリシャ語

第5段階（前半）（語順の固定化の結果、語順の文法化を実現している。）
定性－冠詞、FSP－語順、結合価－屈折語尾・語順　／文法化語順／
　　　　　　　　代表言語：
　　　　　　　　屈折タイプから分析タイプへの移行末期の
　　　　　　　　ドイツ語、ブルガリア・マケドニア語等

第5段階（後半）（屈折・語順機能の弱化に伴い、文法構文のFSP化を実現している。）
定性－冠詞、FSP－文法構文、結合価－語順　／FSP化文法構文／
　　　　　　　　代表言語：
　　　　　　　　分析タイプ初期の北ゲルマン語、オランダ語等

|第6段階| (屈折語尾の衰退に伴い、結合価語順を実現している。)
定性−冠詞、FSP−文法構文、結合価−前置詞・語順　／結合価語順／
$$\left[\begin{array}{l}代表言語：\\ 分析タイプのピークにあるフランス語および英語\end{array}\right]$$

以上の観察結果は、印欧語欧州タイプの通時的位置付けを概ね反映したものと考えられる。しかし、段階設定という非連続性に基づく現象記述は、段階間の移行現象を排除することから、類型変化のプロセスの必要条件ではあるが十分条件にはなり得ない。より現実的な変化メカニズムの解明には、十分条件として移行現象の記述を加える必要がある。本稿の主な目的が段階設定による類型変化プロセスのモデル化にあることから、移行現象の詳述は別稿に譲る。ここでは、言語現象は絶えず可変的な要因を潜在的に内在し、外的・内的要因により常に揺れ動く体系の体系と見なされる、というプラハ学派の言語観、つまり重要な知見の1つ"言語現象の潜在性"および"言語体系の中心―周辺対立性"が、類型的変化に対する極めて合理的かつ論理的な説明理論であることを指摘するに留める。

5.　結論

　プラハ学派の類型論研究は、Mathesius の言語性格学に始まる"機能から形式"へのアプローチが、Skalička の形態類型論における"文法的形態マーカー"の類別を経て、Sgall の FSP 類型論における"言語構成原理形態マーカー組み合わせ分類"の提起により多元的なレベルでの継承発展を見た結果、類型変化を説明する通時類型論へと道が拓かれた。

注

(1)　Hajičová & Sgall (1982) では VALENCY としている。

(2) Hajičová & Sgall (1982) では DELIMITATION としている。
(3) 大文字はイントネーション・センターを担う要素を示す。
(4) ドイツ語は(i)と(ii)の中間(恐らく(ii)の周辺)タイプで、定性プロパー冠詞の発達とFSPプロパー(特に従属節における)語順および文法構文の利用という点では、(ii)タイプの英語に近く、結合価プロパー語尾の相対的豊富さという点では、(i)タイプのスラブ語に近いと見なされる。スペイン語も、同じく中間タイプに位置付けることが可能であるが、文法構文の未発達および主節・従属節における高い程度のFSPプロパー語順および結合価プロパー(前置詞)接辞を保持しているという点では、(i)タイプのスラブ語に近く、ドイツ語との中間タイプと見なされる。一方、中国語は、FSPと定性はもちろん結合価さえも語順に機能負担させているという点で、日本語に近く、一種のサブタイプを構成しているという解釈が可能である。
(5) ロシア語のアクセント記号(´)は移動アクセント(力点)の位置を示している。
(6) 前倚辞代名詞の再叙表現は、西欧ロマンス諸語のフランス語やスペイン語に、さらにバルカン・スラブ語のブルガリア語やマケドニア語等に特有の言語現象とされる。

参考文献

Erhart, A. (1982): *Indoevropské jazyky*, Academia/Praha.

Hajičová, E. and P. Sgall (1982): "Functional Sentence Perspective in the Slavonic Languages and in English", *Južnoslovenski filolog 38*, pp. 19-34, Beograd.

Honjo, J. (1988):「チェコスロバキアの言語事情」大阪言語研究会第94回例会提出資料。

Honjo, J. (1995):「FSP類型論と言語の類型的変化」『言語文化学会論集第4号』pp. 65-79.

Honjo, J. (1996):「印欧語欧州タイプと言語類型論—系統化と類型化のダイナミズム」『言語文化学会論集第6号』pp. 55-74.

Mathesius, V. (1928): "On Linguistic Characterology with Illustrations from Modern English", *Actes du Premier Congrès International de Linguistes à La Haye*, pp. 56-63.

中川正之 (1992):「類型論から見た中国語と日本語と英語」『日本語と中国語の対照研究論文集』pp. 3-22、くろしお出版。

Skalička, V. (1979): *Typologische Studien (Schriften zur Linguistik II)*, Vieweg.

Sgall, P. (1984): *Contributions to Functional Syntax, Semantics, and Language Comprehension*, John Benjamins/Amsterdam.

Sgall, P. (1992): "Zur Typologie der Thema-Rhema-Gliederung", *Studien zum Tschechischen, Slowakischen und Deutschen: aus vergleichender Sicht*, pp. 173-185, Karl-Marx-Universität/Leipzig.

Sgall, P. et al. (1980): *Aktuální členění v češtině*, Academia/Praha.

Structural Expansions of Locational Constructions

Hideki Kishimoto

1. Introduction

In this article, Japanese possessive constructions with *aru* and *iru* are argued to invoke the same patterns of structural expansions as English *there*-constructions. I suggest that Japanese possessive constructions, just like English *there*-constructions, are formed by way of a grammatical process whereby intransitive clauses involving unaccusative (locational) verbs, which originally take one argument, are turned into transitive clauses comprising two arguments. I show that this kind of 'transitivizing' process may apply not only to stative clauses but also to clauses with verbs expressing eventive meanings.

2. Locational Constructions in English and Japanese

It is a generally agreed assumption that the expletive *there*, which fills the subject position of *there*-constructions in English, has evolved out of the locative adjunct *there* diachronically (see Traugott 1992, Huddleston and Pullum 2002, and others). If *there*-constructions are created via a diachronic change (or reanalysis) of the locative *there* into an expletive, we can hypothesize a derivational relationship between a locative sentence like (1a) and an existential sentence like (1b):

(1) a. That book is on the table. (Locative)

b. There is a book on the table. (Existential)

The locative verb *be*, which is unaccusative, can be assumed to take one internal argument. When no expletive occurs, the sole argument of the verb appears in subject position, as in (1a). When *there* is turned into an expletive subject, however, the original argument is placed after the verb, as in (1b). From the present perspective, we can postulate the structure (2a) for (1a), and the structure (2b) for (1b):[1]

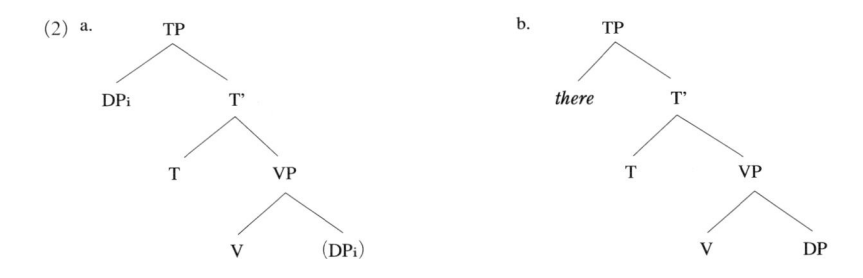

(2) a.
```
        TP
       /  \
     DPi   T'
          /  \
         T    VP
             /  \
            V  (DPi)
```

b.
```
        TP
       /  \
    there  T'
          /  \
         T    VP
             /  \
            V    DP
```

In (2a), the DP is base-generated as a complement to the verb, and is moved to the subject position, i.e. Spec of TP. In (2b), on the other hand, the subject position, Spec of TP, is filled by the expletive *there*, so the argument selected by the verb remains in its complement position.

With the help of a number of syntactic tests, it can be confirmed that the sentences in (1) have the configurations given in (2). First, in both sentences in (1), the element to the left of the verb functions as a subject, since it can participate in Subject-Auxiliary Inversion:

(3) a. Is that book on the table?
    b. Is there a book on the table?

Subject-Auxiliary Inversion involves head movement from T to C across a subject. The data in (3) show then that the DP *that book* in (1a) and the expletive *there* in (1b) occupy subject positions.

Second, we can ascertain that in (1b), the theme nominal that occurs to the right of the verb stays in its base-generated position, in the light of the contrast in acceptability between (4a) and (4b):

(4) a. *There have been *still* good books in this bookstore.
    b. There have *still* been good books in this bookstore.

In a context where the verb does not raise to the T-head position, adjacency must hold between the verb and its object, as illustrated in (5):

(5) a. *John carries *still* some linguistics books with him.
    b. John *still* carries some linguistics books with him.

The fact that (4) and (5) display the same contrast in acceptability suggests that the postcopular DP in (1b) occupies the same object position as the object of an ordinary transitive verb. Taken together, it can be stated that in (1b), the expletive *there* is placed in subject position, and the postverbal DP in object position.

Turning now to Japanese, I argue that the sentences in (6) are construed as the Japanese counterparts of the English locational constructions in (1):

(6) a. Asoko-ni   sensei-ga   iru.
       there-DAT   teacher-NOM   be-AN
       'There is a teacher there.' (Locative-Existential)
    b. John-ni   kyoodai-ga   iru.
       John-DAT   brother-NOM   have-AN

'John has a brother.'   (Possessive)

I argue that even though (6a) corresponds in meaning to either (1a) or (1b), it has a syntactic structure equivalent to (1a), which comprises only one argument. By contrast, (6b) does not convey the same meaning as (1b), but it structurally corresponds to (1b), where two arguments are present. To be concrete, I propose that (6a) and (6b) have the structures in (7a) and (7b), respectively (omitting a dative phrase counting as an adjunct):

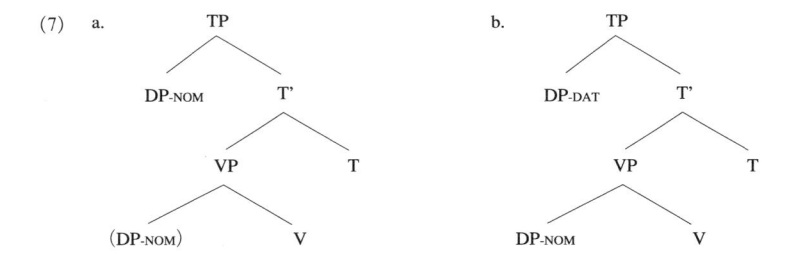

(7) a.
```
            TP
           /  \
      DP-NOM   T'
              /  \
            VP    T
           /  \
     (DP-NOM)  V
```
b.
```
            TP
           /  \
      DP-DAT   T'
              /  \
            VP    T
           /  \
       DP-NOM  V
```

In (7a), the nominative phrase is the sole argument of the verb, i.e. the internal argument, and it surfaces as an overt subject, since it is raised from the base-generated position to Spec of TP. In (7b), the dative phrase is the subject located in Spec of TP, and the nominative phrase counts as an object, staying in its base-generated position.

In Japanese, arguments always stand to the left of the verb irrespective of their surface position, owing to its SOV word order. Thus, it is not possible to tell their position by word order alone. In addition, in the literature on Japanese, there are controversies over whether nominatively-marked phrases function as subjects or objects (see Shibatani 2001, for instance). In Japanese, dative-nominative sequences are conceived as either "adjunct plus nominative subject" or "dative subject and nominative object". Therefore, it is necessary to check a difference in transitivity between (6a) and (6b) in order to diagnose where arguments are located, by appealing to syntactic tests that can check the subjecthood of a nominal (see Kishimoto 2000).

In the following, I show that (6a) is an intransitive clause, where the nominative phrase is construed as the subject, while (6b) is a transitive clause, where the dative phrase is counted as the subject. The difference can be checked, for instance, by looking at which argument can be the target of the reflexive *zibun* 'self', which has subject orientation:

(8) Zibun$_i$-no heya-ni sensei$_i$-ga iru.
    self-GEN room-DAT teacher-NOM be-AN
    'The teacher is in his own room.'

In the locative construction (6a), only the nominative phrase can serve as the antecedent of *zibun* 'self'. By contrast, in the possessive construction (6b), the dative phrase—but not the nominative phrase—can be the target of the reflexive *zibun*:

(9) a. John$_i$-ni zibun$_i$-no kyoodai-ga iru.
       John-DAT self-GEN brother-NOM be-AN
       'John has his own brother.'
    b. *Zibun$_i$-no itoko-ni kodomo$_i$-ga iru.
        self-GEN cousin-DAT child-NOM be-AN
       'His own cousin has a child.'

Importantly, as shown in (9b), since the nominative phrase of a possessive sentence cannot be a possible antecedent of the reflexive *zibun*, it cannot be the subject of the clause. Instead, the dative phrase serves as the subject.

Let us confirm that the nominative phrase in the possessive sentence (6b) functions as an object. To see this, observe first that a quantifier like *ippai* 'a lot' can quantify over an internal argument but not an external argument, hence, can diagnose the presence of an internal argument:

(10) Sakka-ga   syoosetu-o   ippai   kaita.
     writer-NOM   novel-ACC   a.lot   wrote
     'Writers wrote a lot of novels/*A lot of writers wrote the novel.'

In (10), the adverb *ippai* can quantify over the object *syoosetu* 'novel', as indicated by the translation. The same adverb cannot quantify over the subject *sakka* 'writer', however, as suggested by the impossibility of the interpretation 'a lot of writers'.

It must be stressed that the adverb *ippai* can pick out an "underlying" object (i.e. an internal argument) as its target for quantification. The following sentences exemplify that this adverb can modify a passive or unaccusative subject:

(11) a. Syoosetu-ga   (kono-sakka-ni-yotte)   ippai   kakareta.
        novel-NOM   this-writer-by   a.lot   was.written
        'A lot of novels were written (by this writer).'
     b. Musi-ga   ippai   sinda.
        insect-NOM   a.lot   died
        'A lot of insects died.'

In (11a), the adverb can specify the quantity of the passive subject. Likewise, in (11b), it can quantify over the unaccusative subject. Both of the derived subjects count as internal arguments underlyingly. This type of semantic interpretation is not available with the subject of an unergative verb, which does not select any internal argument:

(12) Kodomo-ga asoko-de ippai asonda.
    child-NOM there   a.lot played
    'The children played a lot/?*A lot of children played.'

Although (12) is acceptable, the adverb is not interpreted to quantify over the subject; it simply specifies the intensity or extent of an activity described by the verb. The crucial point is that when an internal argument is present, the adverb *ippai* can semantically modify it.

With this property of the adverb *ippai* 'a lot' in mind, let us proceed to consider what element it can modify in the following sentences:

(13) a. Asoko-ni   kodomo-ga ippai iru.
        there-DAT   child-NOM a.lot be-AN
        'A lot of children are there.'
    b. John-ni   kodomo-ga ippai iru.
        John-DAT   child-NOM a.lot be-AN
        'John has a lot of children.'

In both sentences in (13), the nominative phrase can be modified by the adverb *ippai*, and can carry the meaning of 'a lot of children'. This shows that both of the nominative phrases in (13) count as internal arguments (i.e. underlying objects). Their surface grammatical relations are not the same, however. As discussed above, the nominative phrase of a locative sentence like (13a) counts as a subject, while the nominative phrase of a possessive sentence like (13b) does not. This means that (6a) forms an intransitive clause, whereas (6b) is a transitive clause. In particular, in (6b), since the dative phrase displays subject properties, the nominative phrase (which counts as an internal argument) must be realized as an object on the surface.

One notable syntactic fact about the Japanese possessive construction with the verbs *aru* and *iru* is that the nominative phrase displays a so-called 'definiteness effect' (see Kishimoto 1996, 2000, Muromatsu 1996):

(14) a. *John-ni-wa   hotondo-no/subete-no/ryoohoo-no kyoodai-ga iru.
         John-DAT-TOP most-GEN/all-GEN/both-GEN   brother-NOM be-AN
         'John has most/all/both brothers.'
     b. John-ni-wa   takusan-no/nan-nin-ka-no   kyoodai-ga iru.
         John-DAT-TOP many-GEN/some-CL-GEN   brother-NOM be-AN
         'John has many/some brothers.'

As shown in (14), the nominative phrase of a possessive sentence does not allow the occurrence of strong quantifiers, which include pronouns and demonstratives (in the sense of Barwise and Cooper 1982), whereas weak quantifiers (i.e. DPs accompanied by 'weak' determiners) are permissible.

The dative phrase of a possessive verb, on the other hand, does not display a definiteness effect, hence admits both weak and strong quantifiers. No contrast in acceptability obtains between (15a) and (15b):

(15) a. Hotondo-no/Arayuru/Subete-no/Ano hito-ni   kyoodai-ga   iru.
         most-GEN/every/all-GEN/that   person-DAT brother-NOM be-AN
         'Most/Every/All/That person(s) have(has) brothers.'
     b. Takusan-no/Nan-nin-ka-no/Futa-ri-no hito-ni   kyoodai-ga   iru.
         many-GEN/some-CL-GEN/two-CL-GEN   person-DAT brother-NOM be-AN
         'Many/Some/Two people have brothers.'

Furthermore, it should be noted that the definiteness effect found in (14) is not observed for the nominative phrase of a locative sentence like (6a), where the verb takes only one argument:

(16) a. Koko-ni-wa   hotondo-no/subete-no/kono   gakusei-ga   iru.
       here-DAT-TOP   most-GEN/all-GEN/this   student-NOM   be-AN
       'There are(is) most/all/this student(s) here.'
   b. Koko-ni-wa   takusan-no/ikuraka-no   gakusei-ga   iru.
       here-DAT-TOP   many-GEN/some-GEN   student-NOM   be-AN
       'There are many/some students here.'

The facts illustrate that the nominative phrase of the possessive construction, but not of the locative construction, shows a definiteness effect.

Note that the definiteness effect that obtains in (14) is comparable to what we observe for English *there*-constructions:

(17) a. There are many/some interesting archives in this library.
   b. *There are most/both valuable flowers in the garden.

Importantly, the definiteness effect is observed if the single argument selected by the verb *be* occurs postverbally; otherwise, this effect will be absent:

(18) a. An old man/Someone is in this room.
   b. Most/All of the students are in this room.

These facts show that only when the internal argument of the copular verb *be* remains in object position does it display a definiteness effect. If, as argued by Belletti (1988), an unaccusative verb assigns partitive Case to an internal argument occurring in object position, we can state that the postcopular DPs in (17) bear partitive Case, hence the definiteness restriction is imposed on them.

The same line of reasoning can be carried over to Japanese. As shown above, in the Japanese possessive construction, the nominative phrase selected by *aru* or *iru* remains in its base position (i.e. object position) in overt syntax. Since this phrase is assigned partitive Case, the definiteness restriction is imposed on it.

In sum, Japanese possessive constructions with the verbs *aru* and *iru* possess essentially the same syntactic configurations as English *there*-constructions. A comparison of the possessive and locative constructions in Japanese, on one hand, and the English *there*-constructions and their intransitive counterparts, on the other, reveals that the definiteness effect emerges on the DP which stands as a surface object, which occurs as a complement of a locational verb underlyingly.

3. Eventive Verbs

In English, the class of verbs compatible with *there*-constructions includes not only stative verbs like *be*, *remain*, and *exist*, but also verbs carrying the eventive meaning of coming into existence, such as *follow*, *ensue*, *arise*, and *emerge*:

(19) a. There followed a riot.
b. There arose serious problems in this project.

The sentences in (19) have essentially the same configuration as the ordinary existential *there*-construction, in that the expletive *there* occurs in subject position, and the postcopular DP in object position. First, the subject status of *there* is confirmed by the fact that it participates in Subject-Auxiliary Inversion, as shown in (20):

(20) Did there arise serious problems in this project?

Second, the postverbal DP's occupying an object position can be detected by its sensitivity to the Adjacency condition:

(21) a. There *still* arose many serious problems in this project.
 b. *There arose *still* many serious problems in this project.

Verbs which are allowed to occur in *there*-constructions while expressing eventive meanings are bona-fide unaccusative predicates selecting only one argument (see Stowell 1978). Since the expletive *there* occupies Spec of TP, the full DP selected by the verb must remain in its base position without raising to the subject position. This DP is assigned partitive Case, so that it displays a definiteness effect:

(22) a. There arose many/some problems during the discussion.
 b. *There arose all/most/both problems during the discussion.

The discussion suggests that some eventive verbs expressing the meaning of coming into existence in addition to stative verbs of existence can occur in *there*-constructions.

In a similar vein, in Japanese, unaccusative verbs with eventive meanings, including *umareru* 'be born', *dekiru* 'be made', and *tanzyoo-suru* 'be born', are allowed to appear in the possessive construction. These predicates are unaccusative verbs, which accompany a dative-marked adjunct optionally:[2]

(23) (Kimura-san-no uti-ni) akatyan-ga umareta/tanzyoo-sita.
 Kimura-Mr.-GEN home-at baby-NOM was.born/was.born.
 'A baby was born at Mr. Kimura's home.'

When these verbs express a possessive meaning, the dative-marked phrase counts as a possessor argument:

(24) Masao-ni   kodomo-ga   umareta.
     Masao-DAT   child-NOM   was.born
     'A child was born to Masao.'

We can state that (23) is an intransitive clause. The intransitive nature of the clause in (23) is confirmed by the fact that the reflexive *zibun* can take the nominative phrase as its antecedent:[3]

(25) Masao$_i$-ga   zibun$_i$-no   uti-de   umareta.
     Masao-NOM   self-GEN   home-at   was.born
     'Masao was born at his own home.'

Sentence (24), on the other hand, must be a transitive clause. In effect, the fact that the reflexive *zibun* can take the dative phrase, but not the nominative phrase, as its antecedent suggests the transitive status of the sentence:[4]

(26) a. Masao$_i$-ni   zibun$_i$-no   kodomo-ga   umareta.
         Masao-DAT   self-GEN   child-NOM   was.born
         'His own child was born to Masao.'
     b. *Zibun$_i$-no itoko-ni   kodomo$_i$-ga umareta.
         self-GEN   cousin-DAT   child-NOM   was.born
         'A child was born to his own cousin.'

We can ascertain that the nominative phrase of the eventive verb *umareru* is base-generated as an underlying object by resorting to the *ippai* test:

(27) a. Kono-byooin-de   akatyan-ga   ippai   umareta.
         this-hospical-in baby-NOM   a.lot   was.born

'A lot of babies were born in this hospital.'
b. Kono-inu-ni   akatyan-ga   ippai   umareta.
   this-dog-DAT   baby-NOM   a.lot   was.born
   'A lot of babies were born to this dog.'

Example (27a) represents a case in which *umareru* 'be born' is used intransitively, and (27b) is a case in which it is used transitively. In both cases, the nominative phrase can be modified by the adverb *ippai* semantically, indicating that it is an internal argument. Crucially, when the nominative phrase is the sole argument, as in (23), it surfaces as a subject. In contrast, in cases in which the dative phrase serves as the subject of the clause, as in (24), the nominative phrase must be realized as an object.

If an unaccusative verb like *umareru* 'be born' takes two arguments, its object must be assigned partitive Case. In a case like (24), then, the nominative phrase is predicted to exhibit a definiteness effect. This prediction is borne out:

(28) a. *Kyonen, Masao-ni   kare-no/ano/ryoohoo-no   kodomo-ga   umareta.
         last.year Masao-DAT   his-GEN/that/both-GEN   child-NOM   was.born
         'His/That/Both child(ren) was(were) born to Masao last year.'
     b. Kyonen, Masao-ni   futa-ri-no/takusan-no   kodomo-ga umareta.
        last.year Masao-DAT two-CL-GEN/many-GEN   child-NOM was.born
        'Two/Many children were born to Masao last year.'

As shown in (28), the nominative phrase tolerates weak quantifiers, but does not allow for strong quantifiers. This type of restriction is not observed when the verb is used intransitively:

(29) a. Kyonen, kare-no/ano/ryoohoo-no   kodomo-ga   umareta.
         last.year his-GEN/that/both-GEN   child-NOM   was.born

'His/That/Both child(ren) was(were) born last year.'
b. Kyonen, futa-ri-no/takusan-no kodomo-ga umareta.
   last.year two-CL-GEN/many-GEN child-NOM was.born
   'Two/Many children were born last year.'

As shown in (29) the nominative phrase can be either a weak or a strong quantifier. This suggests that the sentence in (24) expressing the meaning of coming into possession is a transitive clause.

In Japanese, transitive predicates taking a dative-nominative case pattern are either stative predicates or verbs suffixed with the potential $-(r)e/(r)are$, as observed by Kuno (1973). Verbs like *umareru* 'be born' and *tanzyoo-suru* 'be born' are non-stative, and do not carry the $-(r)e/(r)are$ suffix. Thus, these verbs do not fall into the class of ordinary dyadic stative verbs. Nevertheless, they behave like dyadic predicates when used as verbs of coming into possession. On the basis of these facts, it can reasonably be concluded that verbs like *umareru* are originally intransitive, but are transitivized to take two arguments when a possessor-possessee relation is encoded.

The fact that some intransitive verbs come to take two arguments when a possessive relation is encoded is further confirmed by looking at the verb *dekiru* 'be made':

(30) Tokyo-ni   siten-ga   dekita.
     Tokyo-DAT   branch-NOM   was.made
     'A branch office was made in Tokyo.'

The verb *dekiru* is most typically used as an intransitive verb, while accompanying a *ni*-marked locative adjunct, as shown in (30).[5] But when the verb is used in a possessive sense, the nominative phrase is understood to enter into a possessive relation with the dative phrase:

(31) Masao-ni-wa   koibito-ga   dekita.
     Masao-DAT-TOP   lover-NOM   was.made
     'Masao got a lover (*Lit.* A lover was made for Masao).'

Since (31) expresses a possessive meaning, we expect that the verb *dekiru* in (31) is turned into a two-place predicate. The transitive status of the clause with *dekiru* in (31) can be checked, for instance, by looking at (32):

(32) a. *Masao-ni-wa   ano/sono-ryoohoo-no/subete-no   koibito-ga   dekita.
        Masao-DAT-TOP   that/that-both-GEN/all-GEN   lover-NOM   was.made
        'Masao got that/Both of these/all lover(s).'
     b. Masao-ni-wa   takusan-no/futa-ri-no   koibito-ga   dekita.
        Masao-DAT-TOP   many-GEN/two-CL-GEN   lover-NOM   was.made
        'Masao got many/two lovers.'

The definiteness effect observed in (32) suggests that the sentence in (31) is used transitively. When *dekiru* is used in an intransitive locative sense, the definiteness effect is absent. Thus, we observe no difference in acceptability irrespective of whether the nominative phrase is a strong or weak quantifier, as expected:

(33) a. Ano/Sono-ryoohoo-no/Subete-no   siten-ga   Tokyo-ni   dekita.
        that/that-both-GEN/all-GEN   branch-NOM   Tokyo-DAT   was.made
        'That/Both of these/All branch office(s) was(were) made in Tokyo.'
     b. Takusan-no/Futatu-no   siten-ga   Tokyo-ni   dekita.
        many-GEN/two-GEN   branch-NOM   Tokyo-DAT   was.made
        'Many/Two branch offices were made in Tokyo.'

Interestingly, a homonymous verb *dekiru*, which conveys the meaning of 'can do', displays different syntactic behavior:

(34) Masao-ni-wa   fukuzatuna keisan-ga   dekiru.
     Masao-DAT-TOP complex   calculation-NOM can.do
     'Masao can make complex calculations.'

First, notice that the dative phrase of *dekiru* 'can do' in (34) patterns with that of *dekiru* 'be made' in (31), in that both can be the antecedent of the reflexive *zibun*:

(35) a. Masao$_i$-ni   zibun$_i$-no koibito-ga   dekita.
        Masao-DAT   self-GEN   lover-NOM   was.made
        'Masao got his own lover.'
     b. Masao$_i$-ni   zibun$_i$-no keisan-ga   dekiru.
        Masao-DAT   self-GEN   calculation-NOM can.do
        'Masao can make his own calculation.'

The data show that both verbs are transitive. Note, however, that the verb *dekiru* 'can do' is a bona fide dyadic stative predicate, so its nominative phrase tolerates strong quantifiers as well as weak quantifiers:

(36) a. Masao-ni-wa   sono/arayuru/hotondo-no keisan-ga   dekiru.
        Masao-DAT-TOP that/every/most-GEN   calculation-NOM can.do
        'Masao can do that/every/most calculations.'
     b. Masao-ni-wa   takusan-no/ikuraka-no   keisan-ga   dekiru.
        Masao-DAT-TOP many-GEN/some-GEN   calculation-NOM can.do
        'Masao can do many/some calculations.'

The lack of a definiteness effect suggests that the nominative phrase does not bear partitive Case. This, in turn, implies that the verb *dekiru*, which carries the stative meaning of 'can do', is an ordinary dyadic stative predicate.

The semantic fact that the verb *dekiru* 'can do' encodes a stative meaning is in accordance with the well-known generalization of two-place stative predicates in Japanese noted by Kuno (1973). By contrast, the verb *dekiru* 'be made' in (31) cannot be a transitive stative predicate *per se*, because it encodes an eventive meaning. Importantly, in Japanese, verbs encoding an eventive meaning are not qualified as authentic two-place stative predicates, so it must be the case that in (31), the dyadic use of the verb *dekiru* 'be made' is syntactically derived.

In the present perspective, the syntactic process of deriving two-place possessive verbs involve two distinct steps, namely, the assignment of partitive Case to the nominative phrase and the reanalysis of a locative adjunct into subject. Now, given that a single clause does not permit a plural number of thematic subjects, it is anticipated that the first process should precede the second, but not conversely.[6] This suggests that the promotion of a locative adjunct to subject is made possible only *after* the nominative phrase is permitted to remain in the object position, by virtue of partitive Case assignment.

This leads us to expect that we could find some 'intermediate' sentences where partitive Case assignment occurs with no promotion of a locative adjunct to subject. This expectation is borne out. Possessive sentences with verbs like *arawareru* 'appear', *syutugen-suru* 'emerge', etc. provide a case in point, since they present the symptom that the nominative phrase is assigned partitive Case, and yet, the promotion of a *ni*-adjunct to subject does not take place.

First, notice that the verb *arawareru* 'appear', in opposition to *dekiriu* 'be made', allows only a restricted number of relational nouns to appear as its nominative phrase when a possessive relation is expressed:

(37) a. Masao-ni koibito-ga/??tomodati-ga/*kodomo-ga/*akatyan-ga arawareta.
Masao-DAT lover-NOM/friend-NOM/child-NOM/baby-NOM appeared
'A lover/friend/child/ baby appeared to Masao.'
b. Masao-ni koibito-ga/kodomo-ga/tomodati-ga/akatyan-ga dekita.
Masao-DAT lover-NOM/child-NOM/friend-NOM/baby-NOM was.made
'Masao made a lover/child/friend/baby.'

In the intransitive use, the *ni*-marked phrase indicates a location, both relational and non-relational nouns are acceptable:

(38) Kooen-ni onnanoko-ga/(John-no) koibito-ga arawareta.
park-DAT girl-NOM/John-GEN lover-NOM appeared
'A girl/(John's) lover appeared in the park.'

The fact that a possessor-possessee relation can be expressed by a limited set of nouns suggests that the possessive use of *arawareru* is not fully productive, which may be taken as suggesting that the process of transitivization is yet to complete.

It is worth noting that when a possessive relation is expressed, the nominative phrase of *arawareru* exhibits a definiteness effect, suggesting that it remains in object position:

(39) a. *Masao-ni ano/ryoohoo-no/arayuru koibito-ga arawareta.
Masao-DAT that/both-GEN/every lover-NOM appeared
'That/Both/Every lover appeared to Masao.'
b. Masao-ni san-nin-no/nan-nin-ka-no koibito-ga arawareta.
Masao-DAT three-CL-GEN/some-CL-GEN lover-NOM appeared
'Three/Several lovers appeared to Masao.'

If so, the dative phrase of *arawareru* in (38) is expected to behave as a subject.

However, it does not show subject properties, contrary to expectation, since it does not trigger subject honorification:

(40) *Suzuki-sensei-ni koibito-ga o-araware-ni-natta.
Suzuki-Prof.-DAT lover-NOM appeared-HON
'A lover appeared to Prof. Suzuki.'

Example (40) stands in sharp contrast with (41), where subject honorification triggered by the dative phrase of the verb *dekiru* 'be made' is licit:

(41) Suzuki-sensei-ni akatyan-ga o-deki-ni-natta.
Suzuki-Prof.-DAT baby-NOM was.made-HON
'A baby was born to Prof. Suzuki.'

A further difference between the two types of sentences obtains in the possibility of reflexivization:

(42) a. ?*Masao$_i$-ni zibun$_i$-no koibito-ga arawareta.
Masao-DAT self-GEN lover-NOM appeared
'Self's lover appeared to Masao.'
b. Masao$_i$-ni zibun$_i$-no kodomo-ga dekita.
Masao-DAT self-GEN lover-NOM be.made
'Self's child was born to Masao.'

A glance at (40) and (42a) shows that the dative phrase of *arawareru* fails to display subject properties. The data indicate that whereas the dative phrase in (41) serves as the subject of the sentence, the dative phrase in (40) does not.

Nevertheless, the nominative phrase of *arawareru* in (40) does not acquire subject properties. Thus, it cannot be the target of subject honorification, nor can it serve as the antecedent of the reflexive *zibun*, as illustrated in (43):

(43) a. *Masao-ni   koibito-ga   o-arawarere-ni-natta.⁽⁷⁾
        Msaso-DAT   lover-NOM   appeared-HON
        'A lover appeared to Masao.'
    b. *Zibun$_i$-no   musume$_i$-ni   koibito-ga   arawareta.
        self-GEN   daughter-DAT   lover-NOM   appeared
        'A lover appeared to self's daughter.'

This suggests that the nominative phrase does not serve as a subject, but as an object assigned partitive Case. Then, the facts lead to the conclusion that in the possessive construction with *arawareru* 'appear', the nominative phrase is assigned partitive Case, and yet no subjectivization of the *ni*-adjunct takes place.⁽⁸⁾

In this section, I have shown that some unaccusative verbs carrying an eventive meaning can be transitivized if they come to express a possessive meaning. I have argued that these unaccusative verbs are transitivized by way of the promotion of a dative adjunct to subject and the assignment of partitive Case to a nominative phrase, in just the same way that the locational verbs *aru* and *iru* are transitivized. This conclusion is further reinforced by the presence of a sentence where a nominative phrase is assigned partitive Case, and yet, the promotion of a *ni*-adjunct to subject is not induced.

4. Conclusion

This paper has argued that Japanese possessive constructions with *aru* and *iru* have essentially the same syntactic configurations as English *there*-constructions. In light of the fact that eventive verbs expressing the meaning of coming into possession (in addition to the stative verbs *aru* and *iru*) can appear in possessive constructions, I have also argued that Japanese, like English, has the grammatical process of transitivization, where an unaccusative predicate, which takes one argument plus a locative adjunct, is reanalyzed and transitivized to take two arguments.

Notes

*In preparing this paper, I benefited from discussions with many people. I am particularly thankful to Mark Campana, Yoshihiro Nishimitsu, Laurence Schourup, Yu Kuribayashi, Kazuyuki Kiryu, Takayuki Touno, Miho Mano. Needless to say, I am solely responsible for inadequacies and errors remaining in the paper.

(1) Since our concern is the position of arguments, PPs are not represented here.

(2) In Japanese, non-agentive verbs are construed as unaccusative predicates (see Kageyama 1993, Kishimoto 1996, and others). As far as I know, there are no unergative verbs which are amenable to the process of transitivization at issue. This state of affairs is expected in the present analysis.

(3) The nominative phrase can serve as the target of subject honorification, which is also indicative of the fact that it should count as a subject:

   (i) *Yamada-sensei-ga* sentyuu-ni o-umare-ni-natta.
       Yamada-Prof.-NOM war-during was.born-HON
       'Prof. Yamada was born during the war.'

(4) A further confirmation can be adduced from the fact that subject honorification can be triggered by the *ni*-marked nominal:

   (i) *Suzuki-sensei-ni* kodomo-ga o-umare-ni-natta.
       Suzuki-Prof.-DAT child-NOM was.born-HONORIFIC
       'A child was born to Prof. Suzuki.'

(5) With the intransitive locative version of *dekiru*, it is not possible to have an animate subject, and the "nominative-dative" sequence seems to be an unmarked order. The transitive use of *dekiru* is possible even when the nominative phrase is an inanimate noun, as shown in (i):

   (i) Masao-ni okane-ga dekita.
       Masao-DAT money-NOM was.made
       'Masao got money'

(6) Note that in multiple subject constructions, there can be only one thematic subject

of the verb.

(7) In this sentence, even indirect honorification does not apply, since the dative phrase, which may bear a possessive relation with the nominative phrase, is not the subject. See Tsunoda (1996).

(8) In Japanese, subjects are sometimes dropped by discourse factors, but they can be overtly expressed in ordinary sentences. In the intermediate sentence under discussion, on the other hand, the subject can in no way be expressed. This fact suggests that in some intermediate sentences where the process of transitivization is still under way, the subject may be lacking altogether.

References

Barwise, Jon and Robin Cooper (1982) "Generalized quantifiers and natural language." *Linguistics and Philosophy* 4: 159-214.

Belletti, Adriana (1988) "The case of unaccusatives." *Linguistic Inquiry* 19: 1-34.

Huddleston, Rodney, and Geoffrey Pullum (2002). *The Cambridge Grammar of the English Language.* Cambridge: Cambridge University Press.

Kageyama, Taro (1993) *Bunpoo-to Gokeisei* (Grammar and Word Formation). Tokyo: Hituzi Syobo.

Kishimoto, Hideki (1996) "Agr and agreement in Japanese." In Masatoshi Koizumi, Masayuki Oishi, and Uli Sauerland (eds.) *MIT Working Papers in Linguistics* 29: *Formal Approaches to Japanese Linguistics* 2, 41-60. Cambridge, Mass.

Kishimoto, Hideki (2000) "Locational verbs, agreement, and object shift in Japanese." *The Linguistic Review* 17, 53-109.

Muromatsu, Keiko (1996) "Two types of existentials: Evidence from Japanese." *Lingua* 101: 245-269.

Shibatani, Masayoshi (2001) "Non-canonical constructions in Japanese." In Alexandra Y. Aikhenvald, R. M. W. Dixon, and Masayuki Onishi (eds.) *Non-Canonical Marking of Subjects and Objects*, 307-354. Amsterdam: John Benjamins.

Stowell, Timothy (1978) "What was there before *there* was there?" *CLS* 14, 458-471.

Traugott, Elizabeth (1992) "Syntax." In Richard Hogg (ed.) *The Cambridge History of the English Language*, 168-289. Cambridge: Cambridge University Press.

Tsunoda, Tasaku (1996) "The possession cline in Japanese and other languages." In Hilary Chappell and William McGregor (eds.) *The Grammar of Inalienability:*

A Typological Perspective on Body Part Terms and the Part-Whole Relation, 565-630. Berlin: Mouton de Gruyter.

アクションリサーチの理論と課題*

小 笠 原 真 司

1. 質的研究と量的研究

　長年日本における英語教育研究は、いわゆる質的研究と量的研究の対立の歴史であったと言えるかもしれない。量的な研究が科学的な手法を用いて客観性を大切にし、普遍的な事実を追い求めていく一方、質的な研究は教室という教育そのものを対象としながら、研究が主観的にならざるを得ないというジレンマに悩んできた。しかしながら、伊勢野（1998）も述べているように、本来は質的研究と量的研究は、お互いを補完しあう関係にあるべきである。

　量的研究は、量的なデータを用い、主に統制群と実験群に被験者を分け、あるトリートメントを与えてその効果を統計的な手法を用い分析することを行う。量的研究の意図するところは、その法則性、言葉を換えれば、その研究から導き出された結果から普遍性を発見し、それを英語教育の改善に応用しようとするところにある。量的研究は、同じ条件が整うのであれば、被験者や場所、実施日時等が異なっても、同じ結果が得られなければならない。したがって、量的研究で重視されるのは、普遍性と客観性であり、得られた数字を統計的な分析法によって解釈し、そこに普遍的真理を導き出すことにある。

　たとえば、統制群と実験群の成績変化をトリートメントの前後で比較したり、またあるグループの成績変化を比較的長い期間の前後で調べたりする場合には、パラメトリック分析の t 検定、z 検定等が用いられる。分析の結果得られた数値の解釈に対しては、主観性が入り込まないように、危険率を設

定し、有意差を用いることによって客観性を保持する。量的な研究は、客観的が高いため、一般性の高い結果が得られやすく、教室で有効な指導法を提示する可能性もある。

　ところが、英語教育の世界では、量的な研究のみでは対応でき部分が多い。なぜならば、研究対象の被験者が人間である以上、変数が多く、さまざまな要因が混在し、完全に研究に統制を加えるのが困難だからである。特に、1学期間とか1年間の成績変化を見る長期的な研究においては、その効果が統計的に証明されたとしても、他の変数の統制が完全に行われることは不可能に近く、トリートメントの効果と必ずしも断言できないからである。

　一方、このような量的研究に対して、質的な研究は、数字そのものよりも、授業や教授における被験者の変化を観察する等により理論的な証明をしようとするものである。厳密な数字的な束縛がないだけに質的研究は、英語教育の世界では、量的研究に比べて理論的な解釈が行いやすいという利点がある。言葉を換えれば、質的研究は教室というダイナミックに変化する教育環境において、そこで生じている事象を、記述・分析し、それを評価することにより、英語教育の改善や改良を目指すものである。量的研究が、教室環境における変化のある一面しか見てないのに対して、質的研究は、Nunan (1989) も指摘するように、記述的なデータを集め、授業という教育活動の中であらゆる現象が解釈されるため、教師の質の向上にも貢献するものといえる。

　また、質的研究は、量的研究者の長年のジレンマを解決する方法でもありえる。すでに述べたように、量的研究はトリートメントの効果を統計的に証明するために、被験者を統制群と実験群に分けて研究を行うことがある。すなわち、統制群に割り当てられた被験者の学習者は、理論的には効果のない指導を受けることになる。この実験が、一過性の横断的研究 (cross-sectional study) ならまだしも、学期や1年などの長期におよぶ縦断的研究 (longitudinal study) であるならば、統制群の被験者は、実験群の統計的な証明のために、効果のあると思われるトリートメントを受けることができないことになる。このようなジレンマは、良識ある研究者であるならば、絶えず感じてい

る。その点、質的研究は、数的な証明よりも、ありのままを記述するのであるから、量的研究においてしばしば必要とされる統制群としての被験者は必要がない。

　しかし、もちろん質的研究には量的研究のような普遍性と客観性が欠けてしまうという弱点がある。理論面を証明しようとすると、そこに主観が入り込む可能性があり、被験者の変化を都合のよい方向で解釈する事態が起こってくるからである。量的研究では、研究者の独走を統計的な手法が防いでくれるが、質的研究では研究の成果そのものの分析が、都合のよいように解釈される危険性を含んでいる。

　さてここまでの論旨の展開は、質的研究と量的研究という対立軸でみてきた。質的研究は、ありのままを記述し分析することによって得られる質的データを重視し、そこに評価を加えて論旨の展開を行う。一方量的研究は、数的なデータを重視し、そこから客観性を維持しながら普遍的な事実をみつけようとする。それぞれ、重視するデータは当然のことながら違う。しかし、質的研究イコール質的データ、量的研究イコール量的データという図式は、必ずしも正しいとはいえない。質的研究にも、量的データが利用できるし、量的研究にも質的データは補足的に利用できる。またそうあるべきである。しかしながら、質的研究の中には、統計的な理論を踏まえていないものがあり、せっかくの質的および量的なデータが、研究者に都合のいいように解釈されているものがしばしばある。

　たとえば、パーセンテージの扱い方がある。アンケートなどの質的データを、パーセンテージを用いて数的に表すケースがある。だが、パーセンテージ表記は、研究者の都合のよい方向で解釈される危険性がある。また、十分な被験者がいないのに、アンケートの結果をパーセンテージで表して、論旨の展開を行っているものがある。これなどは、パーセンテージを意図的にしろ、無意識にしろ、自分の都合のよいように利用しているケースである。アンケートから得られた結果に対してパーセンテージを利用する場合にも、被験者の数、項目数、セルの数などを統計的に処理して、論旨の展開に利用す

るのが望ましい。質的データ、あるいは質的研究においても、可能ならば統計等を利用し、客観的な視点を入れることは大切である。

　このような点をきちんと踏まえたうえでの質的研究は、量的研究にもまさる研究成果を私たちに与えてくれる可能性がある。Carr and Kemmis (1986) も述べているように、教育は実際的であり、理論的な知識のみでは対応できない。仮説や理論証明の方法論を取る量的研究では限界があり、ありのままを記述する質的研究こそ英語教育の本質があるといえる。Lazaraton (1995) は、90年代半ばから、世界レベルでの英語教育の研究においても、それまで優勢であった量的研究に加えて、質的研究がますます盛んになってきていると述べている。今や日本においても、質的研究を再評価し、さらに質の高い質的研究を行う時期にきていると思われる。そのような質的研究のひとつの方向性として、この論文では、ここ数年注目されているアクションリサーチを取り上げる。アクションリサーチという考えかたは、あくまでに質的研究の一分野であるが、これまでの質的研究とは一線を画するものである。アクションリサーチが、これまでの質的研究とどこが類似しており、またどこにその特徴があるのかを明らかにしながら、アクションリサーチの本質と課題を以下展開したいと思う。

2.　アクションリサーチとは

　英語教育をよりよいものにするためには、理論と実践の協力体制が必要である。研究者は絶えず理論の構築を行い、その一方で教師はそれに基づいた実践活動を行う。ところが、現実の教育活動では、理論がそのまま教育現場で応用できない場合が多い。それは、英語教育の対象者が学習者という人間である以上、変数が多く、その統制がほとんど不可能であるからである。自然科学の世界のようには効果が証明できなことも多い。

　したがって、英語教育の現場では、理論からのアプローチとともに、実践報告からのアプローチが必要となってくる。しかし、実践報告といっても、

単なる感想を述べたようなものでは、客観性もなければ、信頼性も乏しい。実践報告の中に、できる限りの客観性と発展性を組み入れる必要がある。ところで、英語教育に限らず現実社会においても、ある課題を提示し、それに対しての調査を行い、そこから得られた結果に基づいて問題解決のための行動を導くという手法がある。これが、まさにアクションリサーチという概念である。教育という現場を客観的かつ継続的にみることによって、理論そのものやあるいは主観的な感想を述べるような実践報告からは見えてこない事実が見えてくることがある。普通のリサーチが単なる調査であるのに対して、アクションリサーチは、問題解決のためのアクションを導くことを目的としたリサーチである。

英語教育におけるアクションリサーチは、指導上の問題点を特定し、その解決策の方向性を探るために、教師や研究者が行うリサーチのことを意味する。しかしながら、このような英語教育にとって当然とも思え、あるいは、良識ある教師なら無意識にでも行ってきたと思われるこのようなリサーチが、体系的に整理され、日本の英語教育に浸透してきたのは、90年代後半からといえる（玉井 1996; 佐野 1997; 伊勢野 1998; 佐野・奥山 1998; 佐野・坂井 1998; 佐野 1999; 吉川 2001）。

このようにアクションリサーチという概念は、比較的新しいものであり、まだ十分に理解され浸透していないのと同時に、まだ実践活動も十分になされているとはいえない。なぜならば、依然として、「どのよう方法で、どのように教えるべきか」という教師側の視点を中心とした英語教育が優勢であるからである。

しかし、この視点だけでは、英語教育現場では対応できないことがわかってきた。実際の指導でも、学習者中心（learner's centered）のタスクや指導法が強調され重視されてきている今日こそ、英語教育のリサーチでも、「クラス内では、いったい何が、どのように起こっているのか」と言う視点にたち、そこに科学的なリサーチを加え、その結果をできる限り客観的に分析し、その結果を更なる指導に生かしていくという方法が重視されるべきである。つ

まり、ありのままの英語の授業を、科学的に、つまり客観的に分析することにより、どんな指導にどんな効果があるのか、あるいは、今の指導法のどこに問題点があるのか、などが明確になってくるのである。

このように、英語教育のアクションリサーチは、授業を直感的な印象ではなく、客観的な観察と多様な方法でのフィードバックを得ることを重視し、独断的になりがちな現場の教師を成長させるものでもある。伊勢野（1998）および佐野（2000）も、アクションリサーチは、教師の自己再認識と自己成長を助けるものであると、その長所を指摘している。

では、次にアクションリサーチの特徴を具体的に述べてみる。

3. アクションリサーチの特徴

アクションリサーチの特徴を明らかにするために、まずその周辺に存在する類似の概念を整理しておく必要がある。アクションリサーチという用語が、英語教育の世界で注目を浴びる前に、Reflective Teaching という概念が提唱されていた。Reflective Teaching とは、授業活動の評価において、絶えず反省と実践のサイクルを授業研究に取り入れることを意味している。Wallace（1991）は、実際クラスで起こる英語教育の問題点を解決していくためには、理論から得たヒントを基に実践を行うが、大切なのはその結果を客観的な視点から省察し、それをまた次の実践に移していくという姿勢であると主張している。すなわち、実践と省察を絶えず繰り返していくことが大切であり、この立場はアクションリサーチに通じるものである。

実際 Reflective Teaching とアクションリサーチほぼ同義的な意味合いで使われることもあり、Reflective Teaching の立場をとる Richards and Lockhart（1994）は、アクションリサーチを Reflective Teaching の一部としてとらえ、アクションリサーチは、計画(Planning)、実践(Action)、観察(Observation)、反省（Reflection）を含むサイクルを繰り返して行うことだと述べている。また佐野（2000: 34）も、「アクションリサーチは通常の教育活動の中心にある

Reflective Teaching の一部を焦点化し、調査を緻密に、組織的に実施したものに他ならない」と述べている。このように、アクションリサーチは、その基本姿勢を Reflective Teaching と共有し、Reflective Teaching をさらに焦点化したものとして解することができるであろう。実際、アクションリサーチのプロセスには、きちんとしたステップが用意されており、計画、実践、観察、反省を含むサイクルを繰り返すことによって、問題解決を目指すのである。

また一方で、classroom-based research あるいは、classroom research という用語もある。これらも、伊勢野（1998）も述べているように、しばしばアクションリサーチと同義語的に使用される。それぞれの意図するところは、小笠原（2003）が指摘しているように、アクションリサーチという名称が、その方法論・目的論を述べているのに対して、classroom research は、リサーチの対象を意味していると解することができる。classroom research とは、クラスでの授業のありのままの姿をいろいろな角度から見ることによって、どんな指導が効果あるのかを導き出そうとする研究であると言える。

窪田（1994: 179）は、classroom research の視点として、授業中教えた事項が実際どのように学習者の知識と運用力につながっているのか、学習者が何をどのような過程を経て習得したのか、産出面の研究としてどのような発話が引き出されたのか、の3点を指摘している。これらの視点を明らかにするために、classroom research では、学習者が言語習得のためにリスニングやリーディングの形で浴びるインプット（input）、教師と学習者や学習者同士で交わす言葉のやりとりであるインタラクション（interaction）、学習者の発話行為としてのアウトプット（output）、の三つの言語使用を研究の対象としている。そして、その研究方法にはいろいろなものが考えられる。実験により数値を求め客観的にリサーチするものもあれば、観察や記録によりリサーチを進めようとするものもある。そのような視点からみると、アクションリサーチは、classroom research の一方法論と考えることもできる。では、アクションリサーチとは、多くのリサーチの中で具体的にどのような位置づけができるのであろうか。van Lier（1988:57）は、教室内で行われるリサーチの種類

を図1のように4分割して表している。

　van Lier（1988）は、教室内におけるリサーチを分ける2つの要素として、structured と controlled という概念を利用している。structured とは、通常のクラスとは違う実験環境を意図的に作るか作らないかを意味し、controlled とは、リサーチとして、学習者に対して意図的な働きかけを行うか、そうではなくてありのままの姿を対象にするかということを意味している。したがって、いわゆる量的研究といわれるものは、+structured と +controlled と解することができる。一方質的研究は、ありのままのクラスをリサーチの対象

図1　van Lier（1988: 57）の図

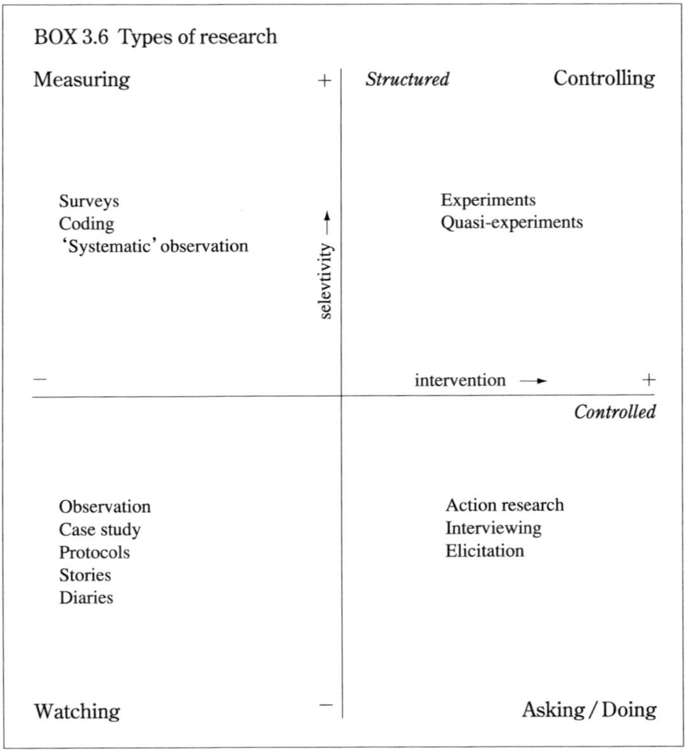

```
BOX 3.6  Types of research
Measuring              +  Structured        Controlling

  Surveys                    Experiments
  Coding                     Quasi-experiments
  'Systematic' observation

                         selectivity ↑

─────────────────────────── intervention → ───── +
                                              Controlled

  Observation                Action research
  Case study                 Interviewing
  Protocols                  Elicitation
  Stories
  Diaries

Watching             −                    Asking / Doing
```

とするのであるから、-structured となる。ここで大切なことは、図1が示すように同じ質的研究でも、controlled という視点で、アクションリサーチは、他の多くの質的研究とは少し異なるということである。

さらに、この structured と controlled というこの視点に基づき、van Lier (1988: 57) の表を利用して、Allwright and Bailey (1991) は、多くのリサーチの種類を experimental research, naturalistic enquiry, action research の3つに整理している。まず、量的研究としての experimental research と呼ばれるものがある。これは、すでに述べたように、厳密な実験計画のもとに、科学的な分析手法を用いた応用言語学としての研究方法であり、そこには数値による客観的結果が伴うことになる。なお図1の中の intervention (介在、干渉) は、決して否定的なことを意味してはいない。教師による積極的な係わり合いや意図的な指導を意味しており、言葉をかえれば、トリートメントともよぶことができる。

また、experimental research と対照的な研究が、naturalistic enquiry である。いわゆる、質的研究といわれるものの多くがこれに属し、実験研究との一番の違いは、intervention が無いことである。ありのままの姿を対象にして行うから、当然-controlled である。naturalistic enquiry には、ありのままの授業を、調査項目を絞り込むというある意味で、+structured 要素を加える調査 (Surveys) と、なにも手を加えないでありのままの授業を記述する観察 (Observation) という研究方法がある。

一方、アクションリサーチ (action researach) は、質的研究でありながら、授業に積極的に intervention を加えるところにその特徴がある。すなわち、質的研究でありながら、+controlled なのであり、言葉を換えれば、ありのままのクラスを観察したり調査したりするのではなく、積極的にしかも体系的に計画、実践、観察、反省のサイクルを繰り返し、授業の変化を引き起こすことを意図するリサーチなのである。言い換えれば、単なる観察や事例報告ではなく、学習者に対する絶え間ない働きかけと体系的な観察が含まれている授業研究ならば、それはすでにアクションリサーチの要素を持っていること

になる。アクションリサーチは、このように働きかけ（intervention）による省察・実践を含んでいるので、van Lier (1988: 57) の表におけるキーワードも、Watching ではなくて、Asking と Doing である。

> Action research has been defined as 'a form of self-reflective enquiry undertaken by participants in social situations in order to improve the rationality and justice of their own social or educational practices, as well as their understanding of these practices and the situations in which these practices are carried out'. It is characterised as being a participatory, self-reflective and collaborative approach to research. (Allwright and Bailey 1991: 44)

　ここまで、多種多様なリサーチの姿を明らかにするために、van Lier (1988: 57) の4分割の表を利用してきたが、structured と controlled の要素はそれぞれが独立したものではなく、程度の問題と捉える必要もあることを指摘しておきたい。アクションリサーチは決して、−structured と ＋controlled のみのリサーチを肯定しているわけではない。アクションリサーチで用いるデータの多くが質的なものであるが、現状把握や授業の改善や向上の確認のために、必要があればアンケートや数量的なデータも用いられる。この点が、単なる授業分析や授業報告とは違うのである。

　これまで、英語教育の研究者は、量的なデータや数字にあまりにも頼りすぎたきらいがあるのも事実である。それが、質的な研究が量的な研究に比べて軽く扱われてきた要因のひとつであろう。だが、数量的な資料は教室という言語学習環境では、佐野 (1999: 23) も指摘するように「客観性は、信じられているほど高くなく」またデータや資料そのものが「評価のための授業につながりやすい」という危険性もはらんでいる。アクションリサーチは、数量的なデータも利用して、一方では客観性を維持しながら、学習者を観察し、授業の実態の調査も行い、省察、実践を返すサイクルを大切にする。

　アクションリサーチは、数的なデータに頼ってきた実験研究や理論研究で

は見えてこなかったことを、明らかにする可能性がある。特に、授業を担当する教師自身が行うアクションリサーチは、実験的研究や理論研究を逆に補う大きな価値があるものとも思われる。アクションリサーチを、理論研究や実験研究とうまく組み合わせることで、英語教育をさらに改善していくことが可能になると言える。では、次にアクションリサーチの具体的な方法論を論じてみたいと思う。

4. アクションリサーチの方法

アクションリサーチでとりあげる問題は、それぞれの授業の固有の問題である。したがって、アクションリサーチは、基本的に自分の担当するクラスを用いて行う。計画 (Planning)、実践 (Action)、観察 (Observation)、反省 (Reflection) を含むサイクルを繰り返して行う。その流れを小笠原 (2003) は、次のようにまとめている。

> 直面している問題について、いろいろなデータを集めて実態を把握し、同時に先行研究や理論研究も可能なら行い、対策を考える。その対策に基づいた授業実践を一定の期間行い、教師の観察、あるいはより客観的なデータとしてアンケートやテストにより改善の程度を判断する。まだまだ満足いかなければ、更なる改善を行う。ある程度満足のいく結果が得られたら、結果をまとめ、客観的な立場から検討を行い、さらによりより改善を求めて、新たなアクションリサーチを開始する。(小笠原 2003: 153)

アクションリサーチは、上の説明のように、ステップの繰り返しと省察により問題解決を体系的に行うことであり、このステップの繰り返しこそ、これまでの授業研究と異なる点である。Allwright and Bailey (1991) は、アクションリサーチにおけるこのようなステップの繰り返しと省察の大切さを次のように述べている。

Action research in classroom follows a series of repeated steps... The cycle then begins once more, with the revisions incorporated in a new action, which is itself observed, and so on. This process allows teachers who wish to investigate events in their own classrooms to take constructive steps towards solving immediate problems, systematically reflecting on the outcome. Thus the goals of action research are achieving local understanding and developing viable solutions to problems. (Allwright and Bailey, 1991: 44)

では、アクションリサーチの具体的手順はどのようなものがあるのであろうか。研究者によりその手順は微妙に異なっているが、Nunan (1993)、白畑他 (1999)、Burns (1999) および佐野 (2000) を参考にし、小笠原 (2003) を基にそのエッセンスなるものを以下まとめてみる。

(1) Problem Identification：問題の特定
　まず、研究対象とする問題を特定する。実際の授業では問題点が幾重にも重なりあっているので、全体問題として扱うとどうしようもなくなる。扱いやすく、具体的な成果が見えやすいところに焦点を絞り込むことが大切である。

(2) Preliminary Investigation：事前調査
　先行研究や文献の調査を行うと同時に、事前調査として教室活動をしばらくの間観察したり、アンケートなどで基礎データ (baseline data) を得たりして事前調査をする。

(3) Hypothesis：仮説設定
　次に基礎データに基づいて仮説を設定し、行動計画を立てる。

(4) Plan Intervention：実行
　仮説に従って、具体的な行動を実践する。トリートメント（Intervention）こそ、従来の授業観察にはなかった概念で、アクションリサーチでは、教師は積極的に仮説に基づいて、働きかけをする。教師は仮説をもとに、自信を持って毎回の英語活動を実行する。

このような方法で、ある程度の期間授業を行ってみる。大切なことは、できるだけ客観的に経過を記録に残しておくことである。

(5)　Outcome：分析および評価

　実行されたトリートメントがどのような変化をもたらしたのかを、データを集めて調査・分析するとともに、分析結果に基づいてトリートメントを評価し、必要があれば修正して再度検証する。

　トリートメントの効果が当初の目的に達していれば、さらに目標を高く設定し、次のステップに進み、これまでの手続きと同じサイクルでリサーチを続ける。もし、トリートメントの効果が現れていなければ、仮説の再検討をデータに基づき行い、修正を加えて同じサイクルでもう一度ある期間リサーチを続けるか、時間がない場合等は、次のサイクルに進みながら、最初のサイクルの不十分と思われる点を修正してリサーチを続ける。

(6)　Reporting：結果公表

　研究結果をまとめて発表し、他の人々と研究成果を共有する。発表することにより、自分のアクションリサーチを客観的に振り返ることができるとともに、また第三者の目から、客観的なコメントをもらうことができ、自分のリサーチの中に、新たな視点を発見することもできる。

5.　アクションリサーチのデータ収集の方法

　アクションリサーチは、量的なデータも用いるが、観察やアンケートによりデータを集めるので、質的な資料をいかに集めるかが大切となる。アクションリサーチで用いられるデータには多くのものがあるが、質的なデータは、主観的な判断が入り込む可能性があるのも事実であるから、できるだけ体系的な資料収集方法を身につける必要がある。

　また、質的なデータが中心となるからといって数量的なデータを軽視してはならない。数量的なデータは、客観性があり説得力があるから、アクションリサーチにおいては、リサーチをより信頼性のあるものにするためにも、

利用できるものは利用する。

　Burns (1999) は、アクションリサーチのデータの収集の方法を、大きく観察によるデータ収集手法 (observational techniques) と観察以外のデータ収集手法 (non-observational techniques) に分けている。

　観察による収集方法は、アクションリサーチにとって、もっとも重要なものであり、リサーチの中心をなすものである。そのため、授業全体を客観的な目で見ながら、事実を正確に記録することが大切である。また、教師が実際に授業しながら、その場での注意点や印象を書きとめることも重要である。具体的な観察によるデータ収集手法 (observational techniques) としては、次のようなものがあろう。

授業記録（Field-note）
　Field-note とは、授業を進める中で、観察した内容や気づいた点を自由に書きとめておく授業記録である。授業中気がついたことを、その場で書きとめておくことは大切で、書きとめておかないと、その時は気がついたことも、授業後は忘れてしまうことがある。

授業記録のグラフ化（Time-log）
　授業記録を視覚的に理解しやすくしたものが、Time-log である。1 回ごとのデータでは、信頼性が低いので、ある程度データが集積（3 回の授業の平均とか 5 月の授業の平均など）してから、グラフ化するのがよい。

日誌（Diaries）や感想文（Journals）
　日誌（Diaries）や感想文（Journals）は、教師が授業後に整理して書くものである。主観は入りやすいが、時間をかけてまとめられるので、佐野（2000）も指摘しているように Field-note に比べて教師の主観が出る資料だが、その時点での教師の思いや自己との対話が、次の仮説や実践計画を練る時に役立つものとなる。

テープによる録音やビデオによる撮影
　テープによる録音やビデオによる撮影は、教師と児童とのやりとり (interac-

tions）や発話行為（utterances）の詳細をつかむことができる。これらは、授業を行いながらではわからなかったやりとりや発話行為のパターンなどの情報を与えてくれる。

　ビデオによる録画は、教師が第三者の立場からふたたび授業をとらえなおすことができる。授業研究の分析は、協力者の教師などに観察者になってもらい、授業分析する方法もあるが、ビデオ録画を使えば、教師自らが、第三者の立場からの授業分析が可能になる。

転写（Transcription）
　転写は、テープに録音したり、ビデオに録画したりしたものを文字に写す活動である。文字にすることで、録音を聞いたりや録画を見たりしていた時には気がつかなかったような事実が逆に見えてくることもある。教師自らが、転写をすることで、自分自身の授業の省察にもなる。

質的資料としては、さらに直接観察以外による収集方法もある。インタビューやアンケートなどがあるが、観察のような外からでは見えない学習者の内面を理解することができるのが長所である。観察以外のデータ収集手法（non-observational techniques）としては、次のようなものがある。

インタビュー
　インタビューは、学習者に対して授業改善のために行う。時間がかかるとか率直な意見を聞くことが難しい、などの欠点があるが、人数を絞るような工夫をしたりして、人間関係をうまく作っておけば、アンケートや自己評価よりも、深みのある、具体的かつ有益な情報が得られる。

アンケート
　インタビューよりも、実際的であり、データの処理も簡単である。アンケート調査は、前もって検討した質問項目を印刷し、学習者に回答してもらい、全体の傾向を把握する方法である。アンケート調査は、インタビューに比べて簡単に実施でき、また時間も少なくてすむ。また、インタビューよりもはるかに多くの学習者から回答を得ることができる。

図2

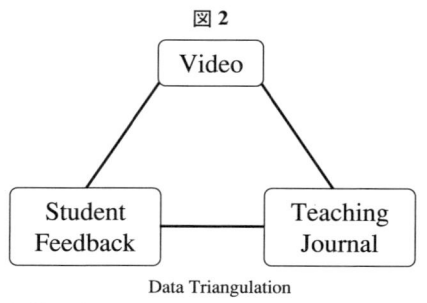

```
         Video
        /     \
       /       \
  Student —— Teaching
  Feedback    Journal
```

Data Triangulation

伊勢野（1998: 15）より

　以上、データの収集の方法を、大きく観察によるデータ収集手法(observational techniques) と観察以外のデータ収集手法 (non-observational techniques)に分け、その代表的なものを紹介したが、大切なことはできるだけ多くの方法を用いて、データを得るということである。アクションリサーチでは、質的なデータを用いるため、主観的な解釈になる危険性もある。信頼性や妥当性を高めるためには、できるだけ多くの方法から、多様なデータを集める必要がある。伊勢野 (1998) は、少なくとも3つ以上のデータを用いる必要があることを強調し、図2のようなデータの triangulation を提案している。たとえば、授業記録 (Teaching Journal) だけではなく、テープによる録音やビデオによる撮影（Video）からもデータを得、さらにアンケート等 (Student Feedback) も利用して、質的分析を高めるという方法である。

6. アクションリサーチの課題

　90年代後半からわが国でも注目され始めたアクションリサーチを紹介し、理論や方法論を展開してきた。アクションリサーチは、一見従来の授業研究と類似しているようにも思えるが、理論と手順に支えられた新しい質的研究である。しかし、質的研究は、量的研究とは違い、普遍的な一般的真実を追究するものではないことをも再確認しておく必要がある。つまり、研究報告

された内容が、他の教育環境や授業で当てはまらないこともある。だが、多くのアクションリサーチを積み重ねていくことにより、量的研究では見えてこなかった真実が見えてきて、授業の改善や向上に貢献するものとなる可能性は大である。

本論は、決して量的研究を軽くみるものではない。量的研究には、質的研究にない、高い客観性と信頼性がある。英語教育研究における量的研究の重要性は今後も変わらない。しかし、その一方で、アクションリサーチのような質的研究を見直し、授業の改善と向上に貢献する視点を確認し、再評価する必要もある。量的研究と質的研究は、お互いに補完しあう形であるべきであり、お互いの長所を生かしながら英語教育研究を進めていくことが大切である。

アクションリサーチは、まだまだ十分浸透しているとはいいがたい。しかし、授業とは教師が毎日の実践の中で、観察や省察のプロセスを繰り返し、改善を加えることにより、よりよいものになってゆく。アクションリサーチは、リサーチの結果とともにそのプロセスをも大切にする。また、学習者から学びながら、教師自身も成長することをも大切にする。質的研究を理論と体系で整理したアクションリサーチが、今後英語教育に貢献することが大いに期待できる。たしかに、アクションリサーチは、データ収集の煩雑さ等の問題があるが、その本質を理解して、ひとりでも多くの英語担当教員が、アクションリサーチを用いて、積極的に授業改善を行うことを期待したい。

*本稿は、小笠原（2003）に大幅に加筆・修正を施したものである。

参考文献

Allwright, D. and K. M. Bailey (1991) *Focus on the Language Classroom*. Cambridge: Cambridge University Press.

Carr, K. and S. Kemmis (1986) *Becoming Critical: Education, Knowledge and Action*

Research. London: Falmer Press.
Brown, J. D. (1988) *Understanding Research in Second Language Learning*. Cambridge: Cambridge University Press.
Burns, A. (1999) *Collaborative Action Research for English Language Teachers*. Cambridge: Cambridge University Press.
Lazaraton, A. (1995) "Qualitative Research in Applied Linguistics: A Progress Report", *TESOL Quarterly* 29: 427-53.
Nunan, D. (1989) *Understanding Language Classrooms*. London: Prentice Hall.
Richards, J. C. and C. Lockhart (1994) *Reflective Teaching in Second language Classroom*. Cambridge: Cambridge University Press.
Seliger, H. W. and E. Shohamy (1989) *Second Language Research Methods*. Oxford: Oxford University Press.
van Lier, L. (1988) *The Classroom and the Language Learner: Ethnography and Second Language Classroom Research*. London: Longman.
Wallace, M. J. (1991) *Training Foreign Language Teachers: A Reflective Approach*. Cambridge: Cambridge University Press.

伊勢野薫(1998)「質的データ分析による授業の自己評価―アクションリサーチの理論と実践―」『英語教育研究』(関西英語教育学会) 21: 9-20.
清川英男(1990)『英語教育研究入門』大修館書店。
窪田三喜夫(1994)「クラスルーム・リサーチと第二言語習得」小池生夫（監修）・SLA研究会（編）『第二言語習得研究に基づく最新の英語教育』179-98. 大修館書店。
小笠原真司(2003)「授業研究―よりよい授業のための省察、アクション・リサーチの導入」金森強（監修）『小学校の英語教育』149-70. 教育出版。
佐野正之(1997)「新しい英語教育研究の方法　Action Research のすすめ」『英語教育』45(13): 30-33.
佐野正之・奥山竜一(1998)「アクション・リサーチの進め方　研究のまとめ」『英語教育』47(9): 32-33.
佐野正之・坂井善久(1998)「アクション・リサーチの進め方　共同研究の成果」『英語教育』47(10): 42-43.
佐野正之(1999)「アクション・リサーチを通して授業を見直す」『英語教育』48(2): 23-25.
佐野正之(2000)『アクション・リサーチのすすめ』大修館書店。
白畑知彦・冨田祐一・村野井仁・若林茂則(1999)『英語教育用語辞典』大修館書店。

田中敏・山際勇一郎（1989）『ユーザーのための教育・心理統計と実験計画法』教育出版。
玉井健（1996）「内省による授業研究」『現代英語教育』33(1): 20-22.
吉川靖弘（2001）「アクション・リサーチを通じての teaching beliefs の変化」『英語教育研究』（関西英語教育学会）24: 105-17.

輪読会のことなど

三 浦 常 司

　高校生の頃から、将来は中学か高校の英語の教師になりたいと思っていた。すでに退職していたが、小学校の校長をしていた父の影響や助言もあったように思う。

　英語の本格的な勉強を始めたのは、大学の専門課程へ進んだ1953年の秋頃からであった。研究社の「英語研究」という雑誌を定期購読し、脳留守マンというふざけた筆名で英文和訳や和文英訳の演習欄にせっせと投稿した。成績は今ひとつであったが、たまに入賞して、研究社の小さな辞書や特製ノートを貰った覚えがある。卒業論文にはアイルランドの劇作家シングの英語を取り上げた。下書きは最初から英語で書いたが、その方が自然な英語になることが分かった。

　大学を卒業したとき適当な勤め口がなかったので、高校教諭の一級免許状を取得するために、もう2年間親のすねかじりを続けることになった。しかし卒業した大学にはまだ専攻科も大学院もなかったので、他大学へ行くことにした。大学院在学中の1957年の夏休みに、学部時代の恩師である山本忠雄、神津東雄の両先生から神戸大学の助手に来ないかとのお誘いを受け、9月から勤務することになった。しかし、国立大学の学生だったので国家公務員としての正式の辞令は出ず、半年間はアルバイトの形で勤務した。勤務の傍ら修士論文としてチョーサーの英語の統語法について書いた。またその頃、英会話の力を身につけたいと思って、運輸省の通訳案内業試験を受けた。運よく合格したが、定職に就いていたので、実際に外国人観光客を案内することは一度もなかった。

　半世紀以上も英語の勉強を続けてきたわけであるが、そのうちのかなりの

時間を輪読会に使った。いろいろな意見を出し合いながら一冊の書物を読む有益さや、帰り道に皆で一緒に飲食をする楽しさを存分に味わわせて貰った。

　最初の輪読会の経験は、学部の学生時代に級友の木村正史、森晴秀の諸氏と「マクベス」を読んだことであるが、本格的な輪読会を始めたのは、私が正式に文学部の助手になった 1958 年の春頃からであった。水鳥喜喬、田中雅男の両氏とチョーサーの「プロローグ」「騎士の物語」「バースの女房の物語」などを読んだ。次に手をつけたのは、Dickins and Wilson (eds.), *Early Middle English Texts* であったが、これは難しかったので途中でやめて、Onions (ed.), *Sweet's Anglo-Saxon Reader* に移った。古英語は詩よりも散文の方が易しいということで、散文から読み始めた。御影分校におられた松浪有先生もときどき顔を出され、私たちの訳すのを聞いておられて、間違いを正したりコメントを加えたりされた。この輪読会は週に 1 度ずつ、3 年ほど続いたであろうか。水鳥氏が長崎へ去り、田中氏も就職して出て来られなくなったので、自然消滅した。

　その後、1963 年から 1970 年までかかって、金山崇、齊藤俊雄、今井光規、などの諸氏と Mossé, *Handbook of Middle English* を読んだ。この書物は文字通り from cover to cover に読んだが、注釈も翻訳も残さなかったのは誠に残念である。またこの仲間で、*Sweet's Anglo-Saxon Reader* も読んだ。以前に水鳥、田中の両氏と読んだ分を合わせて、この書物に収められている作品はほぼ全て読了した。

　また神戸大学教養部に移ってからは、同僚の佐野哲郎、山田祥一の諸氏とエリザベス朝喜劇の輪読会を始めた。これは 1965 年から 1966 年にかけてのことで、グリーン「ベイコン法師とバンゲイ法師」、リリー「キャンパスピ」、ピール「荒唐無稽譚」、デッカー「靴屋の祭日」などを読んだ。このような機会がなければ、シェイクスピア以外のエリザベス朝演劇に触れることはなかったであろう。

　神津東雄先生を中心とした古アイスランド語の輪読会もあった。最初は私の助手時代で、Göschen 文庫の Ranke, *Altnordisches Elementarbuch* を水鳥

喜喬、田中雅男の諸氏と一緒に読んだ。二度目は文学部が六甲台へ移ってからのことで、このときは、Gordon, *Introduction to Old Norse* をテクストに用いた。永嶋大典氏やあるイギリス人学者も参加しておられたのを覚えている。

　古フランス語を読む会としては、1972年から1973年にかけての、『バラ物語』輪読会がある。これは新村猛氏を中心としたもので、フランス語の大高順雄、スペイン語の大島正、英語の大泉昭夫、須藤淳、水鳥喜喬、吉岡治郎の諸氏がよく出席しておられたように思う。この会のおかげで、チョーサーの訳した Fragment A のフランス語原典を読むことができた。

　その後、1973年頃から1975年頃にかけて京都で、大泉昭夫、須藤淳、吉岡治郎、米倉綽の諸氏と、マロリーの作品やウィクリフの聖書を読み始めた。これは2年ほど続いただろうか、前者の「マーリン」や後者の「創世記」を読んだ程度であった。

　1975年秋から1976年夏までは外国出張だったので、その間の状況は知らないが、帰国した年の秋からまた輪読会を始めようということになった。集まったのは、金山崇、吉岡治郎、齊藤俊雄、今井光規、小川浩、松原良治、水谷洋一の諸氏と私の8名であった。相談の結果、*Havelok the Dane* を読むことになり、用いるテクストは、French and Hale (eds.), *Middle English Metrical Romances* と決めた。1976年10月16日に輪読を開始し、神戸大学教養部に月1回の割合で集まった。なお、今回は訳文を残そうということになり、担当者が原稿用紙に書いて来た下訳のコピーを配り、皆で訳文の修正を行ったのである。3年ほどかけて *Havelok* を読了し、次いで、*King Horn, Gamelyn, Athelston* の順に読み進んだ。下訳の段階では、一つの作品を全員が担当したが、出版の段階では、一作品を一人が仕上げることになった。しかし訳者の名前を出さずに、共同責任にしようということで、中世英国ロマンス研究会という名称を作ったのである。第2集を出した頃から小川氏が東京へ去り、その後、西村秀夫、田尻雅士の両氏が加わった。第1集を出した頃とは違って、現在では会員の老齢化が進み、現役を退いた人の数も増えた。

また現役の人も学部長などの激職に就いている人や遠方に勤務している人もあり、輪読会に集まれる人数も限られてきた。現在第5集の出版を目指して準備を進めているところである。

　中世ロマンスを読み始めてからの副産物としては、用例の収集がある。図書館用カードに手書きの用例がカードケース12個分たまっている。OED式綴り字の見出しをつけてアルファベット順に整理しているので、綴り字の異なる用例が一箇所に集まっており、コンコーダンスで検索するよりも便利である。作品を読んでいて疑問の箇所に出くわしたとき、類例を参照するのに重宝している。

　最後になったが、この書物を計画された今井光規、西村秀夫の両氏を初め、ご寄稿いただいた皆様方、出版を引き受けて下さった開文社社長安井洋一氏に心からお礼を申し上げる。私は2007年3月末に2度目の停年を迎えることになるが、よき勉強仲間に恵まれたことを感謝しつつ、さらなる精進を続けたいと思っている。(2006年9月)

三浦常司教授略歴

三浦常司（みうら・つねし）
1934 年 1 月 18 日　兵庫県加東郡加茂村穂積 337 番地にて出生

学歴

1940 年 4 月	兵庫県加東郡加茂尋常高等小学校入学
1946 年 3 月	兵庫県加東郡加茂国民学校卒業
1946 年 4 月	兵庫県立小野中学校入学（旧制中学）
1949 年 3 月	兵庫県立小野高等学校併設中学校卒業
1949 年 4 月	兵庫県立社高等学校入学（新制高校、小学区制）
1952 年 3 月	同上卒業
1952 年 4 月	神戸大学文理学部文科入学（御影分校）
	（1954 年 4 月、文理学部が文学部と理学部に分離）
1956 年 3 月	神戸大学文学部文学科英米文学専攻卒業
1956 年 4 月	大阪大学大学院文学研究科修士課程英文学専攻入学
1958 年 3 月	同上修了

職歴

1958 年 4 月	神戸大学文学部助手
1963 年 5 月	神戸大学御影分校講師
1964 年 4 月	神戸大学教養部講師（御影分校と姫路分校が統合）
1966 年 6 月	神戸大学教養部助教授
1975 年 9 月	日本学術振興会派遣研究員として UCLA へ出張（1976 年 6 月まで 10 カ月間）
1979 年 1 月	神戸大学教養部教授
1979 年 4 月	神戸大学大学院文化学研究科博士課程教授（併任）

1982 年 4 月	兵庫教育大学学校教育学部・大学院学校教育研究科教授
1999 年 3 月	兵庫教育大学定年退官
1999 年 4 月	兵庫教育大学名誉教授
1999 年 4 月	神戸松蔭女子学院大学教授
2000 年 4 月	神戸松蔭女子学院大学大学院文学研究科英語学専攻（修士課程）教授
2002 年 4 月	神戸松蔭女子学院大学大学院文学研究科言語科学専攻（博士課程）教授
2007 年 3 月	神戸松蔭女子学院大学定年退職

非常勤講師歴
明石工業高等専門学校講師（1962 年 5 月― 8 月、1965 年 4 月―1968 年 3 月）
神戸大学文学部講師(1963 年 10 月―1964 年 3 月、1968 年 4 月―1982 年 3 月）
大阪大学教養部講師（1964 年 4 月―1970 年 3 月）
神戸大学教育学部講師（1968 年 2 月集中講義）
親和女子大学講師（1970 年 4 月―1975 年 3 月）
兵庫教育大学大学院学校教育研究科講師（1981 年 7 月― 8 月集中講義）
神戸大学大学院文化学研究科講師（1982 年 4 月―1983 年 3 月）
姫路獨協大学外国語学部・大学院言語教育研究科講師（1991 年 4 月―1994 年 3 月）
京都大学文学部・大学院文学研究科講師（1994 年 4 月―1997 年 3 月）
姫路獨協大学特別教授（2002 年 4 月―2004 年 3 月）

学会活動
1972 年頃	大学英語教育学会研究企画委員
1990 年頃	大学英語教育学会評議員（2001 年 3 月まで）
1990 年頃	大学英語教育学会関西支部運営委員（2000 年 3 月まで）
1972 年頃	中世英文学研究会運営委員

1984 年頃	日本中世英語英文学会設立準備委員会委員
1984 年 12 月	日本中世英語英文学会評議員（1993 年 12 月まで）
1997 年 4 月	日本中世英語英文学会編集委員（2001 年 3 月まで）
1990 年	神戸英米学会会長（現在に至る）

社会活動

1973 年 5 月	社高校尚友同窓会会長（1978 年 9 月まで）
1983 年 12 月	民生委員・児童委員（1992 年 11 月まで）
1987 年 4 月	文部省教科書検定審議会調査員（1988 年 3 月まで）

三浦常司教授著作目録

I．著書・訳書
1. ハスキンズ『大学の起源』（共訳）（法律文化社、1970年3月、社会思想社現代教養文庫、1977年8月）
2. 『年表世界の文学』（共著）（創元社、1972年6月）
3. デルクール『英語史研究入門』（共訳）（開文社出版、1976年3月）
4. ボー、ケイブル『英語史』（共訳）（研究社、1981年12月）
5. 『中世英国ロマンス集』（共訳）（篠崎書林、1983年2月）
6. 『中世英国ロマンス集―第2集』（共訳）（篠崎書林、1986年10月）
7. 『中世英国ロマンス集―第3集』（共訳）（篠崎書林、1993年5月）
8. 『助動詞 Do―起源・発達・機能』（共著）（英潮社、1994年5月）
9. 『英語史・歴史英語学』（部分執筆）（研究社、1997年7月）
10. 『中世英国ロマンス集―第4集』（共訳）（篠崎書林、2001年1月）

II．論文
1. J. M. Synge の劇に用いられたる代名詞について（「学園論叢」第2号、pp. 90-101, 神戸大学学生学会、1956年3月）
2. シングの劇に表れる動詞について（「学園論叢」文学部篇創刊号、pp. 45-58, 神戸大学学生学会御影部会、1956年5月）
3. Chaucer の英語に於ける関係代名詞について（*Kobe Miscellany*, No. 1, pp. 1-16, 神戸大学英米文学会、1959年7月）
4. Chaucer の表現の流動性（「研究」文学篇、第20号、pp. 1-15, 神戸大学文学会、1959年12月）
5. Chaucer の前置詞と *OED*（*Prelude*, 第3号、pp. 1-3, プレリュード同人会、1959年12月）
6. *Piers the Plowman* の *Ing*-form 覚え書（「研究」文学篇、第23号、pp.

19-53, 神戸大学文学会、1961 年 2 月)

7. Piers the Plowman の Ing-form 覚え書 (2) (*Prelude*, 第 5 号、pp. 1-14, プレリュード同人会、1961 年 9 月)

8. "Today week" について (「論集」 2, pp. 1-19, 神戸大学教養部人文学会、1966 年 3 月)

9. Arrangement of Two or More Attributive Adjectives in Chaucer (1) (*Anglica*, Vol. 6, No. 1 & 2, pp. 1-23, 関西大学アングリカ・ソサエティ、1966 年 10 月)

10. Chaucer における主語と述語動詞の語順 (*Kobe Miscellany*, No. 5, pp. 85-104, 神戸大学英米文学会、1968 年 3 月)

11. Arrangement of Two or More Attributive Adjectives in Chaucer (2) (*Kobe Miscellany*, No. 6, pp. 13-31, 神戸大学英米文学会、1972 年 3 月)

12. *The Romaunt of the Rose* における 'gin' と 'do' の用法 (*Kobe Miscellany*, No. 7, pp. 9-26, 神戸大学英米文学会、1975 年 8 月)

13. *Havelok the Dane* と Chaucer に共通する慣用的表現 (「論集」 21, pp. 57-91, 神戸大学教養部人文学会、1978 年 3 月)

14. "Today week" 構造の史的概観 (『八王子論集―英語教育・英語英文学』、pp. 75-94, 金星堂、1979 年 3 月)

15. Observations on Rime Words in *Floris and Blancheflour* (「兵庫教育大学研究紀要」第 6 巻、第 2 分冊、pp. 35-50, 1986 年 2 月)

16. Observations on Rime Words in *Sir Degaré* (「兵庫教育大学研究紀要」第 7 巻、第 2 分冊、pp. 41-58, 1987 年 3 月)

17. Observations on Rime Words in *King Horn* (「兵庫教育大学研究紀要」第 8 巻、第 2 分冊、pp. 43-61, 1988 年 2 月)

18. Observations on Rime Words in *Sir Orfeo* (「兵庫教育大学研究紀要」第 9 巻、第 2 分冊、pp. 59-70, 1989 年 2 月)

19. Observations on Rime Words in *The Earl of Toulouse* (「兵庫教育大学研究紀要」第 10 巻、第 2 分冊、pp. 57-70, 1990 年 2 月)

20. The Structure of Rime Words in *Sir Launfal* (*Essays in Honor of Professor Haruo Kozu: On the Occasion of His Retirement from Kansai University of Foreign Studies*, pp. 63-86, The International Research Institute, Kansai University of Foreign Studies, 1990 年 12 月)

21. Observations on Rime Words in *Athelston* (「兵庫教育大学研究紀要」第 11 巻、第 2 分冊、pp. 59-72, 1991 年 2 月)

22. Observations on Rime Words in *Prima Pastorum* (「兵庫教育大学研究紀要」第 12 巻、第 2 分冊、pp. 57-66, 1992 年 2 月)

23. 中英語ロマンスにおける前置詞の語順 (「兵庫教育大学研究紀要」第 13 巻、第 2 分冊、pp. 59-69, 1993 年 3 月)

24. The Structure of Rime Words in *Secunda Pastorum* (*A Pilgrimage through Medieval English Literature*『中世英文学への巡礼の道』齋藤勇教授還暦記念論文集、pp. 183-200, 南雲堂、1993 年 3 月)

25. Observations on Rime Words in *Havelok the Dane* (1) (「兵庫教育大学研究紀要」第 14 巻、第 2 分冊、pp. 67-77, 1994 年 2 月)

26. 中世英国ロマンスの数詞に関する覚書 (『英語・英文学への讃歌』廣岡英雄先生喜寿記念論文集、pp. 92-94, 英宝社、1994 年 9 月)

27. アメリカ合衆国の州のニックネームについて(共著) (「神戸大学医学部保健学科紀要」第 10 巻、pp. 1-26, 1994 年 12 月)

28. Observations on Rime Words in *Havelok the Dane* (2) (「兵庫教育大学研究紀要」第 15 巻、第 2 分冊、pp. 31-40, 1995 年 2 月)

29. 英米人のファースト・ネームの短縮形について―形態面より見た一般的特徴―(共著) (「神戸大学医学部保健学科紀要」第 11 巻、pp. 109-127, 1996 年 1 月)

30. Observations on Rime Words in *Robert of Sicily* (「兵庫教育大学研究紀要」第 16 巻、第 2 分冊、pp. 37-41, 1996 年 2 月)

31. 中世英詩の言語に対する脚韻の影響 (「言語表現研究」第 12 号、pp. 3-8, 兵庫教育大学言語表現学会、1996 年 3 月)

32. イングランドとウェールズにおける男女名の上位100傑（1994年）について―形態的視点による構成言語分類とその特徴―（共著）（「神戸国際大学紀要」第51号、pp. 1-26, 1996年12月）
33. 抽象名詞由来のアメリカ地名について―由来と史的背景―（共著）（「神戸国際大学紀要」第62号、pp. 25-37, 2002年6月）
34. アメリカの州のモットーについて―言語別分類による由来と史的背景―（共著）（「神戸国際大学紀要」第64号、pp. 1-23, 2003年6月）
35. 若干の奇妙なカナダ地名について（共著）（「神戸国際大学紀要」第66号、pp. 85-102, 2004年6月）
36. 奇妙なアメリカ地名について（共著）（「神戸国際大学紀要」第68号、pp. 99-125, 2005年6月）
37. カナダのモットーおよび各州とヌナブト準州のモットーについて（共著）（「神戸国際大学紀要」第70号、pp. 35-52, 2006年6月）
38. ニューイングランドの郡名―由来と史的背景―（共著）（「神戸国際大学紀要」第72号、pp. 33-52, 2007年6月）

Ⅲ．著作目録・翻訳・索引

1. 山本忠雄教授著作目録（*Kobe Miscellany*, No. 5, pp. 144-151, 神戸大学英米文学会、1968年3月）
2. 中英語ロマンス『ローマの善女フロレンス』試訳（*SENTENTIAE*―水鳥喜喬教授還暦記念論文集、pp. 21-28, 北斗書房、1995年5月）
3. A Supplementary Index to G. H. Roscow's *Syntax and Style in Chaucer's Poetry* (Department of Language Studies, Hyogo University of Teacher Education, February 1998)

Ⅳ．書評・紹介

1. 『英米文学史講座第1巻　中世』について（*Kobe Miscellany*, No. 2, pp. 81-90, 神戸大学英米文学会、1963年6月）

2. 井上増次郎著『ことばの原理』(「近代」36, pp. 87-89, 神戸大学近代発行会、1964 年 7 月)

3. Michio Masui, *The Structure of Chaucer's Rime Words: An Exploration into the Poetic Language of Chaucer* (*Kobe Miscellany*, No. 3, pp. 73-81, 神戸大学英米文学会、1965 年 2 月)

4. 本堂正夫注釈『靴屋の祭日』(*Kobe Miscellany*, No. 4, pp. 123-128, 神戸大学英米文学会、1966 年 9 月)

5. Lumiansky & Baker, eds.: *Critical Approaches to Six Major English Works: "Beowulf" through "Paradise Lost"* (「英文学研究」Vol. 46, No. 2, pp. 159-162, 日本英文学会、1970 年 3 月)

6. J. Kerkhof, *Studies in the Language of Geoffrey Chaucer* (*Kobe Miscellany*, No. 6, pp. 211-215, 神戸大学英米文学会、1972 年 3 月)

7. 木村正史著『英米人の姓名』(「神戸新聞」1981 年 3 月 30 日、p. 13)

8. G. H. Roscow, *Syntax and Style in Chaucer's Poetry* (「英文学研究」Vol. 60, No. 1, pp. 193-197, 日本英文学会、1983 年 9 月)

9. 木村正史著『アメリカの地名』(「神戸新聞」1984 年 2 月 13 日、p. 12)

10. 近藤健二著『英語前置詞構文の起源』(「英文学研究」Vol. 64, No. 1, pp. 157-161, 日本英文学会、1987 年 9 月)

11. 鈴木秀夫著『気候の変化が言葉をかえた―言語年代学によるアプローチ』(「私のすすめる本」Vol. 6, p. 35, 兵庫教育大学附属図書館、1993 年 4 月)

12. 木村正史編著『アメリカ地名語源辞典』(「神戸新聞」1994 年 9 月 4 日、p. 12)

13. 隈元貞広著 *The Rhyme-Structure of "The Romaunt of the Rose"-A* (*The Kyushu Review*, No. 4, pp. 103-105, 九州大学「九州レヴュー」の会、1999 年 10 月)

14. 英語史の重要資料『リンディスファーン福音書』(「神戸松蔭女子学院大学学報」No. 34, p. 9, 2003 年 3 月)

V．大学用英語教科書

1. C. H. Haskins, *The Rise of Universities*（編注）（文理、1975年10月）
2. Philip S. Jennings, *Medieval Legends*（共編注）（英宝社、1989年10月）

VI．口頭発表

1. 英語における非人称動詞について（大阪大学英文学会、1957年10月26日）
2. Chaucerの表現の流動性について（日本英文学会第31回大会、1959年6月13日）
3. ロレンスの方言について（神戸大学英米文学会例会、1959年7月15日）
4. チョーサー研究の一方向—意味論的方法（神戸大学英米文学会例会、1960年5月13日）
5. Historical Presentについて—Chaucerの場合（プレリュード例会、1961年6月4日）
6. *Prioress's Tale*の英語について（神戸大学英米文学会例会、1961年11月9日）
7. チョーサーのイディオムについて（神戸大学英米文学会例会、1962年3月20日）
8. チョーサーの形容詞の位置について（神戸大学英米文学会例会、1963年5月15日）
9. Chaucerの英語における形容詞の語順（日本英文学会第35回大会、1963年5月26日）
10. MEにおける語順の発達（中世英文学研究会第6回例会シンポジウム、1967年10月8日）
11. Chaucerの限定形容詞の語順とフランス語（中世英文学研究会第14回例会シンポジウム、1971年10月10日）
12. 英語における主観と客観（大学英語教育学会関西支部大会、1977年6

232

月11日）

　13.　脚韻ロマンスの言語と文体（日本英語学会第7回大会シンポジウム、1989年11月19日）

　14.　中英語ロマンスにおける前置詞の語順（日本中世英語英文学会第6回大会、1990年12月1日）

　15.　英国中世詩をめぐって（神戸英米学会シンポジウム、1991年10月19日）

　16.　チョーサーの言語表現（兵庫教育大学言語表現学会、1994年6月18日）

　17.　中英語テクストを読む―辞書はどこまで役立つか（日本英文学会第70回大会シンポジウム、1998年5月23日）

　18.　英語の人名と地名について（神戸松蔭女子学院大学第25回夏季公開講座、2000年8月31日）

　19.　『カンタベリ物語』を読む（神戸松蔭女子学院大学第29回夏季公開講座、2004年8月27日）

Ⅶ．雑

　1.　辞書への愛着（「みかげ」第2号、pp. 63-66, 神戸大学文学部同人、1954年11月）

　2.　男女共学開始の頃（『社高校創立60周年記念誌』pp. 38-39, 1973年4月）

　3.　古代中世英語輪読会（「神戸大学教養部広報」No. 46, p. 8, 1975年10月）

　4.　アメリカの大学（「神戸大学教養部広報」No. 49, pp. 3-6, 1977年1月）

　5.　追悼・青木靖三（「近代」53, pp. 47-48, 神戸大学近代発行会、1978年6月）

　6.　ロサンゼルス滞在記（「神戸大学文学部同窓会報」創刊号、p. 7, 1978年9月）

　7.　振り返って（「社高校尚友同窓会報」p. 1, 1979年10月）

　8.　courtesy（「英語青年」1981年5月号、p. 138）

　9.　*Kobe Miscellany* について（「神戸大学教養部広報」No. 59, p. 22, 1981

年 10 月）

　10.　転任に当たって（「つる甲」No. 23, p. 38, 神戸大学教職員組合教養部支部、1982 年 3 月）

　11.　転出に際して（「神戸大学教養部広報」No. 60, p. 4, 1982 年 3 月）

　12.　チョーサーと読書（「兵庫教育大学学園だより」第 24 号、p. 22, 1987 年 6 月）

　13.　加東郡の方言覚書（「兵庫教育大学言語表現学会会報」第 10 号、pp. 2-4, 1991 年 8 月）

　14.　新制高校の発足時代（『社高校創立 80 周年記念誌』pp. 114-115, 1992 年 6 月）

　15.　穂積陣屋遺構あれこれ（『滝野つたえぐさ』pp. 66-68, 1993 年 9 月）

　16.　私の学生時代（「兵庫教育大学学園だより」vol. 48, p. 14, 1995 年 3 月）

　17.　卒業生からの便り（「社高校育友会だより」p. 6, 1997 年 11 月）

　18.　穂積八幡神社旧鳥居と瑩珠院墓所について（『よみがえる八木城跡』pp. 7-9, 八鹿町教育委員会、1999 年 1 月）

　19.　自己紹介をかねて（「英文科の栞 1999」pp. 28-29, 神戸松蔭女子学院大学、1999 年 3 月）

　20.　昔の社町と創設期の兵教大（「兵庫教育大学学園だより」vol. 59, p. 9, 1999 年 3 月）

　21.　うん　どん　こん（『心に残る一言』pp. 137-138, 兵庫県滝野町、1999 年 3 月）

　22.　就任にあたって（「神戸松蔭女子学院大学学報」No. 27, pp. 4-5, 1999 年 6 月）

　23.　英文科の学生諸君へ（「英文科の栞 2000」p. 32, 神戸松蔭女子学院大学、2000 年 3 月）

　24.　仕事仲間（『私のたからもの』pp. 89-90, 兵庫県滝野町、2003 年 1 月）

　25.　グラウンドゴルフ（『ちょっといい話』pp. 45-46, 兵庫県滝野町、2004 年 1 月）

26. 穂積の地名あれこれ(「たきの老友」第 25 号、p. 5, 2004 年 3 月)
27. 加東四国八十八カ所巡礼について(「たきの老友」第 26 号、pp. 4-5, 2005 年 1 月)
28. 穂積八幡神社のことども、穂積八幡神社旧鳥居と瑩珠院墓所について、加茂小学校校歌(『たきのつたえぐさ―第 2 集』pp. 2-6, 6-8, 154-155, 2005 年 3 月)
29. 加古川の清流(『ふるさと』pp. 63-64, 兵庫県滝野町、2006 年 1 月)
30. 退任にあたって(「神戸松蔭女子学院大学学報」No. 42, pp. 5-6, 2007 年 3 月)

寄 稿 者 一 覧（論文掲載順）

水 谷 洋 一 Yoichi Mizutani	高知女子大学 Kochi Women's University
菊 池 清 明 Kiyoaki Kikuchi	立教大学 Rikkyo University
西 村 秀 夫 Hideo Nishimura	姫路獨協大学 Himeji Dokkyo University
田 尻 雅 士 Masaji Tajiri	元大阪外国語大学 Osaka University of Foreign Studies
谷　　明 信 Akinobu Tani	兵庫教育大学 Hyogo University of Teacher Education
井 上 典 子 Noriko Inoue	ブリストル大学 University of Bristol
今 井 光 規 Mitsunori Imai	摂南大学 Setsunan University
本 城 二 郎 Jiro Honjo	関西チェコ／スロバキア協会 Kansai Czech/Slovak Society
岸 本 秀 樹 Hideki Kishimoto	神戸大学 Kobe University
小笠原 真 司 Ogasawara Shinji	長崎大学 Nagasaki University

あとがき

　まず、この論文集の編集作業が大幅に遅延し、三浦常司先生はもとより、論文をお寄せくださったみなさまに多大のご迷惑をおかけしたことを、心よりお詫び申し上げる。そして、2007年5月に執筆者の一人、田尻雅士氏が急逝されたことは、痛恨の極みである。

　私と三浦先生との出会いは1974 (昭和49) 年10月にさかのぼる。この年、神戸大学教養部では水曜午後に「人文科学総合」という科目が開講された。テーマは前期が「ルネサンス」、後期が「英詩」であった。後期の授業は、教養部英語科に籍を置く教官が2時間ずつ担当するリレー形式で行われ、最初の2回を担当されたのが三浦先生であった。そしてその初回の授業に出席したことが、その後の私の進路を決定づけた。

　初回の授業ではチョーサーの *General Prologue* を取り上げられ、A. C. Baugh の *Chaucer's Major Poetry* のコピーが配付された。チョーサーについて簡単に述べられた後、テキストの講読が始まった。まず原文を音読し、続いて一語一語丁寧に説明を加えて行かれるとう形式で進められた。30行も進まないうちに時間が来てしまったと思うが、そのわずかな時間で私は中英語にすっかり引き込まれてしまった。それまで自分が学んできた英語とは異なる、不思議な、そして魅力的な世界を垣間見ることができた。

　専門課程に進む際にどの方面に行くかまだ若干の迷いがあったのだが、三浦先生の授業が終わった瞬間にその迷いは消えた。幸いなことに三浦先生は当時文学部で「英語史・英語学概論」を担当されていた。私が文学部に上がったとき、先生はアメリカ (UCLA) にご出張中で、翌年帰国されて開講された授業は、先生が共訳で出されたデルクールの『英語史研究入門』の講読であった。

以来、卒業論文、大学院進学、ロマンス研究会、就職等々、学問の面で暖かいお心遣い、アドバイスをいただいてきた。私が学生の頃、神戸大学の文学研究科では英語史関係の科目が開講されていなかった関係で、当時すぐ近くにあった神戸市外国語大学の大学院に進んだ。その後神戸大学で博士課程が開設されることになり、三浦先生がそのスタッフに加わられることを知って、私は迷わず神戸大学に戻った。

　博士課程ではしっかり鍛えていただいた。*The Parliament of Fowls, Sir Gawain and the Green Knight, Beowulf* と、私が読みたいと思った作品に付き合っていただいたのだが、そこで私が学んだことは、どのような作品であれ、辞書、注釈書を絶えず参照しながらテキストと向き合い、あらゆる解釈の可能性を探り、丹念に読み解くという姿勢であった。そしてそれが、神戸大学の英文科に創設期から連綿と引き継がれてきた philology の伝統であったことに思い至ったのは、私が文学部で「英語史」の講義を持ち始めた時のことであった。

　大学、そして人文系の学問を取り巻く状況が急激に変化している現在、一つの大学で伝統的な学風を維持していくことは困難になってきている。しかし、古英語、中英語に、そして philological な英語研究に関心を持つ若い人がいる限り、自分が学んできたことを伝えていくことが、先生に続いた者の務めであり、そして先生から受けた薫陶へのお返しであると肝に銘じながら、教室でテキストを読んでいる。

　大学院を出て 25 年になるが、まだまだ先生の足元にもおよばない。先生にはこれからもお元気でお過ごしいただき、ぜひとも、私たち後に続くものを叱咤激励していただきたいと願っている。

2007 年 12 月

　　　　　　　　　　　　　　　　　　　　　　　　　　　西村　秀夫

ことばの響き
英語フィロロジーと言語学　　　　　　　　　［検印廃止］

2008 年 9 月 10 日　初版発行

編 著 者	今　井　光　規
	西　村　秀　夫
発 行 者	安　居　洋　一
印刷・製本	創　栄　図　書　印　刷

〒 160-0002　東京都新宿区坂町 26
発行所　開文社出版株式会社
TEL 03-3358-6288　FAX 03-3358-6287
www.kaibunsha.co.jp

ISBN978-4-87571-582-5　C3082